# Hemmelighedens nøgler

CHRISTINA BAUER

# Hemmelighedens nøgler

til et bedre og sundere liv

*Bliv din egen sjæls kaptajn*

# Indhold

Af hjertet tak, jeg ønsker at udtrykke min dybeste taknemmelighed og tak til følgende fantastiske mennesker for deres hjælp, støtte og tilstedeværelse.

Tak til Christina Westergaard Larsen
for din coaching, støtte og vejledning.
Tak til Christina Westergaard Larsen
for hjælp til forsiden.
Tak til min elskede datter Marina Bauer Larsen
for at læse korrektur.
Tak til min elskede datter Caroline Bauer Larsen
for at støtte og hjælpe med alt det tekniske.
Tak til min elskede mand for altid at støtte
og bakke op om min rejse.
Tak til mine elskede piger for at give plads
til denne udvikling.
Tak til Grete Andersson for mange gode og
inspirerende samtaler.
Tak til mine forældre for at sætte mig til verden.
Tak til mine nærmeste venner for at
dele denne proces med mig.

# Forord

Jeg ved, at det ikke er tilfældigt, at du har valgt lige netop denne bog.

Jeg ved, at når du sidder med denne bog, skrevet med ren næstekærlighed og et håb om, at du vil få et dybere indblik i vores indre styrke/psyke. At du vil opdage, lige netop din mulighed for at præge dit liv i den retning, som du virkelig ønsker det.

Du har valgt denne bog, fordi du gerne vil rykke dig, du ønsker at forstå, hvorfor nogle mennesker har muligheden og andre ikke har.

Du er måske fastlåst i et mønster, som langt de fleste mennesker er.

Du finder ikke helbredelse eller et quick fix i denne bog.

Denne bog vil hjælpe dig til at se, at alt er muligt. Det er kun i begrænsningernes land, at det ikke er muligt. Så lad mig starte med at fjerne ordet umuligt for dig.

Så velkommen kære du, der lige nu sidder med denne bog, til landet med ubegrænsede muligheder. Undervejs vil du finde nyttige teknikker og redskaber til at opnå en dybere forståelse, og træde ind i et liv uden alle disse begrænsninger. Bogen skal ikke bare ses som et læseredskab, men en rejse, hvor fordybelse og forandring står i front. Lad dette være begyndelsen på en langvarig rejse mod nye muligheder og nye perspektiver. Hvert afsnit, inklusive forsiden, har en dybere mening, så der kan kræves tid og refleksion. Det kan være nødvendigt at læse nogle passager mere end én gang, så vær tålmodig.

Som en gave vil du finde nyttige teknikker og redskaber undervejs, som kan hjælpe dig til at opnå en dybere forståelse af, hvad der skal til, så du har muligheden for at træde ind i dit nye liv, et liv uden begrænsninger.

Der er en helt speciel mening med bogens opsætning, og derfor vil jeg netop anbefale dig, at du læser bogens kapitler. Her får du nemlig en forståelse af sammenhængen af teknikkerne, så du får mest muligt ud af det.

Det starter med forsiden »udsigten« og slutter med at udsigten bliver din.

*Christina Bauer*

Jeg har været på en særlig rejse i mit liv, der gjorde, at jeg valgte at lukke nye døre op. De erfaringer og viden jeg har erhvervet på min rejse, har jeg lyst til at dele med dig af ren næstekærlighed. Hvis jeg kan hjælpe dig til at få troen på, at du selv er i stand til at skabe den sundhed og det liv du drømmer om, så har jeg opnået min mission. Vi er vores tanker, og vores tanker skaber vores resultater.

Så hvilke tanker vælger du?

# Ansvaret er dit

Tag ansvaret i dine hænder
skab den verden du fortjener
blot at kigge på
du vil aldrig opnå

en verden fyldt med
kærlighed
har alle fortjent gennem
ærlighed

skab din verden
med dine tanker
du vil se den rejse sig
som en gave på din vej

ikke altid som du ønsker
dig, at den skal være
måske du skal lære
ikke at fortære

# KAPITEL 1

# Hvem er jeg – min barndom

Hvem er jeg, det er et af de helt store spørgsmål.

Jeg er produktet af to unge mennesker der mødte hinanden 60èrne, som valgte at lege fysisk med hinanden.

I januar blev dette individ skabt af underbevidstheden til at være et fuldt udviklet produkt og klar til at møde livets udfordringer i den verden, vi levede i, trods dens begrænsninger. Dette blev til et nyt individ i januar 1973, som underbevidstheden havde skabt et fuldstændigt færdigt produkt, et produkt der var klar til at møde livet og alle dens lærdomme i begrænsningernes verden, som vi levede i.

Jeg voksede op i en lille provinsby tæt ved Roskilde, St. Valby. Vi boede i et parcelhuskvarter, her stod haven snorlige, ikke et græsstrå vendte forkert. Sådan så det også ud indvendigt, fine møbler og tæpper med frynser, der var friseret og lå ikke en millimeter forkert.

Familie og venner af familien kom på besøg til fødselsdage og andre højtider.

Her blev der røget og drukket, som i de fleste danske hjem i 70'erne og 80'erne, mens vi børn legede med hinanden.

Der var helt klart nogle forventninger til, hvad der var rigtigt og forkert, så påklædningen havde en stor betydning, og det var meget vigtigt for mine forældre, hvad andre tænkte. Vi skulle fremstå som pæne mennesker og gik bestemt ikke i brugsen i træsko, og da slet ikke i joggingtøj.

Jeg havde den dejligste barndom, med sommerfugle i haven, bier og hvepse, med en skøn summende sommer. Min far var altid i haven, så der fulgte jeg med og legede, mens han arbejdede i haven. Om vinteren lå der en meter sne, hvor jeg kunne tumle og bygge snemænd – et barns paradis.

Min mor var dagplejemor, hvilket også gjorde det muligt for hende at gå hjemme, mens jeg var lille. Min far tog dagligt turen til København for at arbejde. Da der skulle arbejdes for pengene. Dette gjorde det også økonomisk muligt for min mor at være hjemme med mig. Som dagplejemor havde hun også mange andre børn at se til, men mens de sov, så havde min mor ekstra tid til mig. Jeg husker tydeligt hende, og jeg sad i gangen, mens vi tegnede på hinandens rygge.

Mine forældre var de bedste forældre jeg kunne ønske mig, og de har gjort deres bedste for at være gode forældre ud fra deres forudsætninger, samt ud fra deres opvækst og viden om hvad de havde tilegnet sig gennem deres liv.

De er begge fra det vi i dag kalder Storkøbenhavn og København i 40'erne, hvor pengene var meget små, hvis der var nogen og 2 verdenskrig havde også en stor indflydelse på det danske samfund.

Mine forældre kom fra små kår, de har med flid opnået et privilegeret liv. Ud fra deres kår formåede de at få et smukt parcelhus på landet, og min far med arbejde i storbyen, mens min mor havde muligheden for at være i huset.

Tusind tak til dem.

Vi børn legede hjemme på vejen med hinanden, hvilket vi brugte timevis på. Vi legede »jeg melder krig mod« og »dåser«. Jeg husker det som nogle rigtig gode og sjove lege.

Hvis jeg ville nogle steder hen, så havde jeg min cykel, og den fragtede mig til skole og fritidsinteresser – det var det vi alle gjorde. Der var måske en sjælden gang, hvor man kunne være heldig, at enten mor eller far kunne køre, men ellers foregik alt på egen hånd.

Som 12 årig, fik jeg mit første fritidsjob, hvilket mange af os dengang gjorde. Jeg arbejdede for 12 kr. i timen, så du kan nok regne ud, at der var lange udsigter til et par Peter Pan støvler.

Min skolegang var præget af ligestilling, kvinder med lilla tørklæde og lærer med dårlig kaffe ånde.

Der blev talt til os elever, som det lige føltes var rigtigt i dette øjeblik. Jeg husker tydeligt en lærerinde, der valgte at kaste med bøger eller banke sit store sølvarmbånd ned i lære bordet, når hun var tom for ord. Jeg kan i dag stadig se armbåndets afmærkning i bordet.

Der blev bestemt ikke lagt vægt på betydningen af at tale nedladende eller nedbrydende til et barn, eller endda at råbe ad det; det blev blot forventet, at barnet skulle makke ret. Der var ikke så meget tale om, hvad det betyder når man taler nedladende eller nedbrydende til et barn, eller decideret råber, det var jo bare et barn, som skulle makke ret.

Hvor meget peace love and harmony der var, ved jeg nu ikke, når jeg kigger tilbage i dag.

Da jeg var 17 år, valgte jeg at tage af sted som aupair pige til Østrig. Dengang var der mange, som valgte at tage afsted for at opdage verden. For mig blev det et ophold på ca. 7 år, hvor jeg bl.a. arbejdede som aupair, men sluttede også med en massør uddannelse, hvor jeg mødte min dejlige østrigske mand, som jeg stadig den dag i dag er gift med.

Jeg har altid haft mine egne meninger, og jeg er stået op for dem med kraftige argumenter og dybe begrundelser for at skulle overbevise andre, men inden for rammen af normalen, hvis der er noget der er normalt.

Når jeg i dag ser tilbage på mit liv som 50-årig, så er jeg er så meget mere end blot et produkt af mine forældre, der har lært at være og udstråle, hvad det indebærer at være den pæne. Jeg er inde i 50 års viden, skuffelser og opdagelser på livets rejse. Jeg har oplevet triumfer og nederlag, stået over for udfordringer og taget chancer. Det har formet mig til den person, som jeg er i dag. Hvert kapitel i mit liv har været en vigtig del af processen og dannelsen, for at blive lige netop til den.

Mit liv har været en mangfoldig rejse af erfaringer og refleksioner. Jeg har mødt mennesker, hvis historier og perspektiver har åbnet mine øjne og udfordret mine overbevisninger. Jeg har søgt viden og opnået indsigt gennem bøger, rejser og samtaler. Hver ny idé og hver ny erkendelse har beriget mit sind og berørt mit hjerte.

Jeg er sprællevende, fuld af energi og lidenskab. Mit hjerte banker for at dele min erfaring og visdom med netop dig, som læser denne bog. Jeg ønsker at skrive denne bog, i håb om at gøre en forskel i dit liv. Gennem mine ord og historier, vil jeg inspirere og udfordre dig til at tænke dybere, handle modigere og leve mere autentisk. Jeg ønsker at motivere dig til at forfølge dine drømme, overvinde din frygt og skabe den livsændrende forandring, du længes efter.

Denne bog er et vidnesbyrd om min rejse og en invitation til at deltage i den. Lad os sammen udforske, grine og lære. For i slutningen af dagen er vi alle del af den samme fascinerende og farverige menneskelige historie.

# Barn i 70'erne

Rullekrave, trompetbukser
frihed og bare bryster
lilla bleer og flippede bukser
en ligestilling som jeg husker

et splittet samfund om at være
fri for grænser og begær
ikke alle kunne være
en del af dette sære

nogle valgte at kigge på
blive i den vante tro
om at alt skulle stå
fravalgte at bygge bro

mit barndomshjem sku' bestå
ingen opgør, ingen bro
min mor valgte, at se på
blive i den vante tro

måske hun ikke vidste
hvad frihed ville være
at slå sig løs og være
ved du det kære

# KAPITEL 2

# Mit voksenliv

Jeg skal ikke kede dig med en lang beskrivelse af mit voksenliv, vi alle ved, at der ikke er de store forskelle fra den ene familie til den anden.

Nogle skændes måske mere end andre. Nogle rejser måske mere end andre. Nogle bor på dyre hoteller end andre, nogle kører dyre biler, nogle arbejder måske mere end andre. Nogle har højere stillinger end andre og så videre og så videre, og her kunne vi blive ved.

Jeg skriver dette, da det er vigtigt for mig at du forstår, at jeg er som de fleste mennesker, og jeg indeholder ikke mere end du. Dybest set er vi alle skabt af naturens kræfter og vi har alle det samme potentiale.

Hvad vil det overhovedet sige at have potentiale? Det kommer jeg nærmere ind på senere i bogen.

Et voksenliv med fuld fart på, min mand og jeg købte vores første hus i 1999, som nærmere kunne ses mulighedernes hus.

Vi skulle bygge og sætte i stand, så det blev lige som vi ønskede, huset skulle være til os og vores fremtidige lille familie.

Denne renovering vi gjorde os, viste sig at blive en kæmpe succes, og vi endte med at sætte hele 4 huse i stand over en årrække. Dette gav en frihed til at gøre ting i fritiden, som ikke havde været helt realistiske med to almindelige lønninger.

Vi skabte to vidunderlige ønskebørn, to dejlige sunde og raske piger med 9 måneders mellemrum, de skulle have det bedste liv, vi kunne give dem. Selvfølgelig ude fra de forudsætninger vi havde tillært af andres viden, tillært, tænkepause.


Vi havde dejlige venner med børn i samme alder. Vi var aktive forældre i naturen, vi rejste til Østrig, for at besøge min mands mor, min svigermor og vores højt elskede farmor til vores børn.

Mine forældre boede i Danmark, så der var mulighed for oftere at besøge dem.

Jeg gik hjemme med pigerne de første 23 år, vi gik i legestue, så de kunne lære at omgås andre børn.

Mit voksenliv fortsatte jeg mere eller mindre, som jeg havde lært var rigtigt, nemlig at arbejde og passe på mine børn. Dog ville nogle måske mene, at jeg var et rebelsk, pudsigt udtryk for at have lysten til at kunne mere. Eller måske handlede det mere om, at jeg ikke rigtig passede ned i en bestemt kasse.

Kasse, hvilken kasse og hvem havde skabt de kasser.

Jeg blev gift med min dejlige mand, selvom han var født og opvokset i Østrig, så havde vores forskellige kulturer intet problem med at finde hinanden.

Min mand og jeg havde et klart billede af, hvordan en rigtig familie skulle være og hvad den skulle bygges op på. Vi skulle have en uddannelse, vi skulle arbejde for at tjene penge, så der kunne blive råd til de ting vi ønskede os. Bil, tøj, rejser, ud at spise, og meget mere.

Det var det, som jeg havde lært var vigtigt for at være gode forældre. Fra omgivelserne, spejlede vi os i andre forældre, og i mange år tog jeg nogle dybe mønstre med mig. Mønstre som jeg selv havde dannet ud fra min viden, samt mønstre som jeg havde udviklet uden at vide.

Jeg stoppede aldrig op og tænkte, om det var det jeg ville, det var sådan det var, sådan fungerer systemet. Det var sådan, det gik igen i vores omgangskreds.

Det var trods alt en fantastisk tid, som jeg på ingen måde ville have været foruden, alt var på det tidspunkt ligesom det skulle være.

Som en klog mand engang sagde, »galskab er at gøre det samme igen og igen og forvente nye resultater«.

Som årene gik og børnene blev større, meldte der sig flere og flere spørgsmål, hvor omdrejningspunktet skulle være, hvordan vi ønsker at leve? Hvad ville vi give børnene med i deres liv og hvad ville vi ikke.

Vi har altid været meget ens omkring livets værdier, og hvad der var vigtigt for os. Vi tog beslutninger og traf mange valg, dette gav os bestemt mulighed for rigtig mange ting og rigtig meget frihed. Frihed er den største kærlighedsgave, man kan give til dem, som man elsker, især hvis man selv er fri.

Da vores piger voksede op, besluttede vi os for at give dem en gave, der ville berige deres liv på måder, vi aldrig kunne have forudset. Vi introducerede dem til kulturel mangfoldighed og tog dem med på eventyr gennem bjergene, som netop er en del af min mands rødder. Friheden i bjergene blev deres legeplads, et sted, hvor de kunne udforske naturen og prøve kræfter med vandring, lege i skoven, finde svampe og om vinteren skiløb. Vi tog på kælketure og pigerne lærte at stå på skøjter.

Vores familie var en blanding af to kulturer, og vores piger voksede op med at lære to sprog – tysk og dansk. Denne flersprogethed blev en gave i sig selv, da det åbnede døren for at kommunikere med forskellige mennesker og forstå forskellige kulturelle perspektiver. Det var en konstant rejse at finde balance mellem de to verdener, og skabe rum til forskelligheder.

Når vi besøgte vores familie i Østrig, fik vores piger mulighed for at opleve en del af deres rødder og lære om traditioner og værdier, som er en del af vores arv. Disse besøg var præget af nærvær og fællesskab, hvor vores piger kunne få kontakt til deres østrigske del og føle sig hjemme i en ny kultur.

I vores hverdag i Danmark lærte pigerne også at værdsætte den danske del af deres identitet. Det handlede om at dele måltider og hyggestunder med venner og familie, om at gå i skole og have sjov i SFO'en. Det var en rejse, der gav dem indsigt i to forskellige verdener, og det blev et springbræt til deres forståelse for forskelligheder.

Gennem vores opdragelse ønskede vi at give pigerne en dyb forståelse for forskelligheder, og respekt for forskellige traditioner og tro. Det handlede ikke kun om at lære dem at acceptere, men også at værdsætte og fejre det, der gjorde os alle unikke. Vi ønskede at give dem værktøjer til at navigere i en globaliseret verden og forstå betydningen af familieværdier uanset kulturel baggrund.

Vores rejse som familie var ikke uden udfordringer, men det var netop gennem disse udfordringer, at vores familie blev styrket. Vi lærte at omfavne forskellighederne, og se dem som en styrke snarere end hindring. Vi blev bevidste om, at det at have to kulturer er en gave, der beriger vores liv og skaber en større rummelighed i vores familie.

Nu, hvor pigerne er voksne, er vi stolte over den måde, de omfavner forskelligheder og viser respekt for andre kulturer og traditioner. Deres rejse i bjergene og deres opvækst mellem to verdener har formet dem til at være åbne overfor nye oplevelser, og ikke mindst tolerante over for forskelligheder og taknemmelige for deres barndom.

Vi håber, at de, gennem deres egne erfaringer, kan videreføre disse værdier til deres børn og skabe en verden, hvor forskellighederne er en kilde til berigelse og forståelse. For os var det at give dem muligheden for at opleve friheden i bjergene og værdsætte naturen og kulturel mangfoldighed, en dyb gave, som vi aldrig vil fortryde.

# Slip dit anker

En efterårsmorgen
med sol og kærlighed
en kølig vind på min kind
et vink fra naturens uendelighed

naturen gør klar og pakker ned
hvordan gør du, følger du med
husk du er, din egen lykkes smed
frugter, blade og bær

formuler og bliver til mer'
den samler ikke på gamle bær
den ved at tiden er inde
til at sætte frø og blive til mer'

følg med og du vil se
saml ikke på gamle tanker
slip dem fri, lad dem formulde, slip dit anker
skab plads til dine smukke tanker

# Naturens lov

Et græsstrå på min vej
tynget af regn, solen står op
græsset vil atter rejse sig
sådan er livets vej

lad dig ikke tynge, af livets vej
se de muligheder, der gemmer sig
en cyklus i bevægelse er også dig
i tillid til naturens lov, på din vej

tillad mærk og føl, og du vil forstå
ethvert bump gir mulighed for at så
så du på ny vil opnå
dit ønskede mål

accepter hvad der var
slip din bundethed
og tillad dig at være
i nuets skønhed kære

# KAPITEL 3

# Arbejdsrelationer

Kender du en følelse af at gå på arbejde og glæde sig til at møde kollegaer og tage fat om arbejdsopgaverne med stor stolthed, fordi du virkelig er dygtig til dit arbejde, og fordi du virkelig kan gøre en forskel? Du har sikkert uddannet dig, måske op til flere gange og tage kurser for at komme højere op i hierarkiet, eller blot for at få tilgang til spændende og prestigefyldte opgaver.

Måske smiler du lidt ekstra til kunderne, klienterne, patienterne. Du ved, hvad det betyder at komme ind et sted, hvor »frøken Suresen« sidder bag disken, eller hvordan det er at komme ind i en butik, hvor ekspedienten glemmer at byde dig velkommen, og derefter spørger ind til, om du ønsker hjælp.

Du har en rigtig god dag, hvor det hele kører på skinner og du er virkelig produktiv.

Dine kollegaer roser dig, du giver lidt ekstra, tager ekstra fra, de giver dig et kompliment eller et klap på skulderen. Og det føles måske rigtig rart at blive anerkendt, at være i et fællesskab, hvor du har en værdi og en følelse af, at du er rigtig god, og det at være vellidt har stor betydning for de fleste af os.

Nu sidder du måske og ryster på hovedet og tænker, næææh, de følelser kender jeg ikke til, og det er helt ok. Vi kan ikke alle være ens, vi skal ikke alle være ens og have den samme følelse, så kender du måske til dem her: jeg er træt i dag, jeg føler mig tung indeni, åhhh, hvor orker jeg ikke at høre på hende eller ham, opgaverne hober sig op, du har ikke råd for, hvor du skal starte. Du gider ikke alt det sladder og bagtaleri. Du føler måske ikke, at du slår til. Du har ikke de samme uddannelser som de andre og måske ikke de samme interesser.

Det er præcis lige som det skal være, dette er den samme følelse, det er blot en illusion. Hmmm, tænker du sikkert.

Men tro mig, det berører vi bestemt også senere i bogen.

Hold ved og læs med, hvis du virkelig ønsker at lære og forstå. Og det ved jeg, at du gør, ellers sad du ikke med denne bog i hånden nu.

Jeg har personligt været vidt omkring i mit arbejdsliv, plejehjem, massør, zoneterapeut, blomsterdekoratør, blomsterdesigner, Copenhagen Market. Jeg har været ansat og jeg har været selvstændig, selvstændig med få ansatte, selvstændig med flere ansatte.

Arbejdede jeg meget? Ja, det gjorde jeg, jeg vil nok nærmere kalde det for at knokle på uden at forstå. Var jeg vellidt? Ja, for pokker da. Jeg var altid den første til at tage imod kunderne med et stort smil, jeg havde helt klart lært, hvad det havde for en betydning, og jeg var altid klar med et kompliment. Vi skulle jo alle have det godt. Jeg stod altid forrest, når der skulle deles store opgaver ud. Jeg levede fuldt ud, det som jeg i dag vil kalde for at være en pleaser.

En del år stod jeg op kl. 04, for at handle til min butik, og i en periode butikker. Min arbejdsdag var alsidig, jeg elskede at være på gulvet med de andre, at være kreativ og skabe. Vi var på messer og deltog i forskellige events. Det var spændende og vi kunne virkelig noget. Vi knoklede på. Det er jo det man gør, når man er selvstændig, det kræver mange timer helt op til 60 timer om ugen.

Som en tidlig indkøber på Copenhagen Market, trådte jeg ind i den travle og spændende verden af blomstergrossister. Klokken fem om morgenen var jeg omgivet af en overvældende duft af friske blomster, mens stemmerne blev højere og aktiviteten mere intens.

Gulvet var koldt og vådt under mine fødder, men det var en lille pris at betale for at være en del af denne pulserende handelsplads. Vogne kørte frem og tilbage, og alle mine sanser blev bombarderet af farver, dufte og lyde.

At handle på Copenhagen Market betød at forhandle om priser og kvalitet med erfarne blomstergrossister. Det krævede tålmodighed, sindighed og en vis grad af knowhow for at få de bedste tilbud. Men det var også en mulighed for at lære af de erfarne, og samtidig få en fornemmelse af samhørighed med resten af markedets samfund.

Arbejdet var fysisk krævende. At bære og håndtere store mængder blomster krævede både styrke og udholdenhed. Men trods det blev jeg også båret af passionen for blomsterbranchen og den glæde, der kommer af at skabe smukke buketter og arrangementer til at glæde andre. Mens timerne gik, blev det mærkbart lysere udenfor, og som morgenen skred frem, blev markedet mere og mere livligt og energisk. Solens stråler begyndte at skinne udenfor og blomsternes farver fik en intensitet, der gjorde oplevelsen endnu mere magisk. At være en del af Copenhagen Market var ikke kun et spørgsmål om at købe og sælge. Det handlede om at være en del af et fællesskab af blomster entusiaster og fagfolk. Der var en følelse af samhørighed og gensidig respekt mellem dem, der arbejdede på markedet, og det skabte en unik atmosfære af fællesskab og passion.

Stemningen var dog til tider hektisk, de handlende havde travlt med at skaffe de rigtige varer, store blomstercontainere blev transporteret rundt blandt de handlende og var man særlig uheldig, var det muligt at blive ramt af en spand vand, som en grossist lige måtte tømme, tro mig, derinde er alt muligt.

Efter flere timers handlen var det tid til at pakke mine blomster og træde ud i den friske morgenluft. Jeg følte mig udmattet, men tilfreds med dagens resultat. At være på Copenhagen Market som indkøber var en oplevelse af dedikation, udfordring og belønning. Jeg var stolt af at være en del af denne spændende verden af blomstergrossister.

At være selvstændig med en blomsterbutik var en arbejdsom opgave, der krævede hårdt arbejde og stå tidligt op, nogle dage startede jo kl. 04, for at handle ind til butikken. Min arbejdsuge kunne nemt lyde på 60 timer om ugen, sådan var det, det gjorde vi alle i hvert fald dem, jeg kendte. Som ejer var jeg ansvarlig for både driften af butikken og trivslen hos mine ansatte. Men selvom det kunne være udfordrende, var det også en sjov og givende rejse.

Hver dag bød på nye kreative udfordringer, hvor jeg fik lov til at lege med farver og former for at skabe smukke buketter og dekorationer. På messer og andre events, havde vi næsten fri leg, og det var især her, at mine dygtige ansatte kom til deres ret. Deres talent og passion for blomster gjorde, at vi kunne levere kvalitetsprodukter til vores kunder.

Men det var ikke kun det fysiske arbejde, der definerede min hverdag. Mellem arrangementer og travle perioder, fandt vi altid tid til sjov og grin. Vi kunne også være uenige og sure, og der var plads til det hele »en rummelig arbejdsplads«.

Er det nu helt sandt, tænkepause.

Jeg havde den overbevisning, at en positiv atmosfære gav de bedste resultater. Vi delte både triumfer og udfordringer, hvilket bandt os sammen som et team.

Selvom det kunne være hårdt at balancere arbejde og fritid, var det også en af fordelene ved at være selvstændig. Den følelse af at opnå noget stort på egen hånd var uvurderlig. Men det betød ikke, at jeg aldrig følte mig alene. Der var øjeblikke, hvor tvivlen sneg sig ind, og jeg følte mig forkert, som om jeg ikke var god nok.

For at være super dygtig som blomsterhandler skulle jeg være både en kreativ sjæl og en dygtig forretningsperson.

Sandheden er, at jeg følte mig alene og ensom i alle år, det lyder måske skørt, men ved du hvad, sådan var det.

Jeg skriver det ikke, for at du skal reagere på det. Jeg skriver det, for at beskrive, at der altid er to sider af samme sag.

Brugte jeg i alle disse år mit potentiale? Eller arbejdede jeg blot den ene dag efter den anden, uden at stoppe op og TÆNKE.

Jeg var helt bestemt fanget i mit eget hamsterhjul, et hamsterhjul jeg selv havde skabt og ikke var i stand til at se. Hver eneste dag undertrykte jeg mit eget potentiale, og arbejdede i begrænsningernes land. Et hamsterhjul er tit forbundet til noget negativt, mange gøremål og mange tanker.

Når vi er fanget i et hamsterhjul, er det normalt forbundet med en følelse af overvældelse og stress. Vi har for mange arbejdsopgaver, alt for mange tanker, og vi sætter for mange mål for os selv. Hele denne situation kan være svær og kan føles opslidende.

Det er vigtigt at erkende, at det at være fanget i et hamsterhjul ikke er sundt for hverken vores krop eller vores sind. Det kan have negative konsekvenser for vores fysiske helbred såvel som for vores mentale og følelsesmæssige velvære.

Det første skridt i retning af at bryde ud af dette mønster er at blive bevidst om vores tankeproces. Vi skal lære at identificere og udfordre de negative tanker, der holder os fanget i hamsterhjulet. Dette kan være svært i starten, men det er en vigtig grundlæggende øvelse, der kan hjælpe os med at genoprette balance og finde indre ro.

Vi kan også arbejde på at skabe sunde vaner og rutiner. Dette inkluderer at prioritere vores tid, sætte realistiske mål og lære at sige nej til opgaver og forpligtelser. Ved at fokusere på det vigtige frem for det presserende, så kan vi frigøre os fra hamsterhjulet og skabe mere balance i vores liv.

Det er vigtigt at huske, at der ikke er en løsning på at bryde ud af et hamsterhjul, da vi alle har forskellige omstændigheder og udfordringer. Det handler om at finde de strategier og værktøjer, der fungerer bedst for os som individer.

Jeg var fanget i mit eget hamsterhjul, og det var oftest knyttet til en negativ attitude, jeg synes alt var svært og tungt omkring mig. Mit arbejde fyldte for meget, alle gøremålene hjemme fyldte for mig, jeg satte aldrig tid af til mig selv, jeg havde 1000 undskyldninger for, hvorfor jeg ikke gjorde, jeg måtte handle, støvsuge, lave mad og meget mere.

I dag har jeg lært, at alt dette er begrænsninger, begrænsninger som vi selv skaber og derfor selv er herre over.

Det betyder, at vi har et valg i livet, vi har altid et valg og dette kan vi lære at benytte os af.

Vi kan lade sygdom og prognoser begrænse os, og vi kan acceptere, at det lige nu er som det er, og det ikke er ensbetydende med, at vi ikke kan lave om på dem.

Vores tanker begrænser os, retter sagt vi tillader, at vores tanker begrænser os, dermed kan vi også styre vores tanker i den retning vi ønsker.

Derfor husk, at intet er umuligt.

**DET ER IKKE DEN DU ER,
DER HOLDER DIG TILBAGE,
DET ER DEN DU TROR AT DU IKKE ER**

Gode råd og værktøjer:

1. *Ændre din tankegang:* Vær bevidst om de begrænsende tanker, du har, og begynd at udfordre dem. Tro på, at intet er umuligt og at du har evnen til at opnå det, du ønsker.

2. *Tag ansvar:* Accepter, at du er herre over dine egne begrænsninger og kan træffe valg, der kan ændre dem. Tag ansvar for din egen lykke og succes.

3. *Vær åben for nye muligheder:* Lad ikke sygdom eller prognoser holde dig tilbage. Vær åben for at udforske alternative veje og muligheder for at opnå det, du ønsker.

4. *Tro på dig selv:* Anerkend og tro på din egen styrke, evner og potentiale. Lad ikke tvivlen eller frygt forhindre dig i at tage de nødvendige skridt mod dine mål.

5. *Gå efter dine drømme:* Vær modig og vær villig til at træde ud af din komfortzone for at forfølge dine drømme. Tillad dig selv at tænke stort og handle derefter.

Husk, at du har potentialet til at skabe det liv, du ønsker. Lad intet eller ingen begrænse dig.

# Ansvaret er dit

Tag ansvaret i dine hænder
skab den verden du fortjener
blot at kigge på
du vil aldrig opnå

en verden fyldt med kærlighed
har alle fortjent gennem ærlighed
skab din verden, med dine tanker
Slip blot dit anker

Læn dig tilbage i tillid og tro
Du vil processen opnå
Ganske stille med dit indre håb
du vil processen forstå

lev det liv du fortjener
tillad ingen at fjerne dine håb
Du er ganske enkelt en ener
allerbedst som du det fortjener

Forsøg ikke at efterligne
du er som du skal være
i tillid og tro til processen
slip dig blot fri kære

# Frygt ikke stormvejr

Frygt ikke stormvejr
lad den ruske dig
vælte dig
følg blot med på vej

Den vil vende op og ned, forblive i uendelighed
den rydder op, renser ud
naturens kærlighed, fold dine vinger ud
lad stormen bære dig, du vil se dens bud
vise dig din vej

fold dine vinger ud
brug naturens kærlighed
slip dig fri i ubundethed
du vil se din mulighed

mulighed for at være
slippe fri angst og frygt
blot lade dig nære
et sted hvor der er trygt

dette sted findes inde i dig
luk det op på livets vej
lad dig ruske op og ned
du vil finde din mulighed

# KAPITEL 4

# Sygdom

2016 skulle være året, der vendte op og ned på det hele, jeg havde gået med en fornemmelse af, at min krop ikke var rask. Jeg havde behov for tid til at tænke.

Da vi kom hjem fra en fantastisk tur til USA, tog jeg tilløb til og fortalte min mand, at jeg havde fundet noget i mit venstre bryst, som måske ikke var så godt.

Det var forfærdeligt at skulle fortælle den følelse jeg havde i min krop, jeg glemmer aldrig det.

Vi tog til lægen, og alle undersøgelser gik hurtigt i gang og jeg kom i en kræftpakke. Jeg kendte en del til kræftbehandling, og havde et klart billede og holdning til, hvad jeg ikke ville udsætte min krop for.

Trods min viden om alternative behandlinger og de forskellige muligheder, vandt angsten og frygten over mig, angsten for, at jeg skulle blive en engel for mine børn. Det var som om, at jeg frøs til is, mens jeg så på, hvordan verden fortsatte med hastige skridt, som om ingenting var sket.

Jeg fik mange velmenende gode råd fra venner og familie om, at jeg skulle tage imod den traditionelle kræftbehandling, de mente lægevidenskaben vidste bedst, hvad der skulle til, og der var helt bestemt også mange forventninger forbundet med det. Men jeg ville selv styre mit kræftbehandlingsforløb, og gøre det, som jeg mente var bedst for mig. Min mand stod ved min side under hele forløbet, han tvivlede ikke, hvis han gjorde, sagde han det aldrig højt. I dag sender jeg ham min fulde respekt og kærlighed for, at han lod mig beslutte, at det jeg valgte også var rigtigt for ham og børnene.

Jeg traf den beslutning jeg følte var bedst for mig, hvilket betød, at jeg takkede nej til kræftpakken og bad selv om en operation.

Det var bestemt en tid, hvor alle ikke var enige med mig. Og jeg måtte træffe nogle valg undervejs. Det vigtigste for mig var, at jeg havde fuld opbakning fra min mand og mine nærmeste. Måske har du selv prøvet at stå i sådan en situation, så kan du måske genkende den følelse jeg stod med, som jeg gjorde, da jeg fik mit svar fra lægerne.

Hvad er det for en følelse, og hvad vil den, kan den beskrives, måske kan overskrifterne være angst, frygt, chok, ensomhed. Hvor kommer den fra denne følelse. Hvis du ikke kender til denne følelse, skal du ikke tænke, at bogen slutter her for dig, for det drejer sig ikke om sygdommen, du har måske stået i en anden situation med den samme følelse. For det er netop følelsen, der skaber vores sindstilstand.

Min overlevelses mekanisme satte ind, alt hvad jeg kunne gøre godt, for min krop skulle gøres. Jeg søgte fortvivlet rundt på nettet via google. Jeg valgte ikke at læse om de negative ting omkring kræft. Jeg købte bogen, »Kræft er ikke en sygdom, det er en overlevelsesmekanisme«, skrevet af Andreas Moritz. Det var min bibel i lang tid, forstod jeg den »tænkepause«.

Noget af den forstod jeg.

Jeg ændrede fuldstændig min kost, spiste efter syre/base reglerne, – jeg gik aldrig på kompromis. Det blev ikke altid taget godt imod af alle, og jeg måtte ofte have en løsning med i tasken, da der ikke altid blev taget højde for min kost. Sådan var det, der var intet der kunne ændre min beslutning og mit syn. Jeg havde stor gavn af min store viljestyrke og udholdenhed, som virkelig slog igennem. Det var ikke alle der forstod mine valg, eller ville acceptere dem, det oplevede jeg som en dyb skuffelse. Det var en svær tid, men jeg var sikker på at jeg havde truffet det rigtige valg for mig om min familie. Desværre kostede det mig venskaber, da nogle mennesker ikke kunne forstå mine valg, fordi jeg netop valgte min vej. De mente, de bedst vidste, hvad der var godt for mig, og respekterede ikke, at jeg havde valgt nogle alternative veje. Det var en hård og udfordrende periode, hvor jeg både skulle stå op for mig selv og tage stilling til andres meninger.

Følte jeg mig forstået? nej! Havde jeg et valg? ja! Men jeg benyttede mig ikke af det, jeg vidste ikke på det tidspunkt i mit liv, hvad det egentlig betød, det AT HAVE ET VALG.

Sideløbende med min kost fik jeg intravenøs Cvitamin, og jeg havde fået hjælp til at få cannabis fra det marked du ved. Jeg havde en moster, der stod stærkt og tilbød mig og min familie hendes psykolog assistance, og hun var virkelig en klippe. Af hjertet tak.

Der var ingen tvivl om at mit valg var rigtig, alle opfølgende samtaler med sygehusvæsenet var positive.

Var det nok?

Gennem min helbredelses rejse var det den største glæde at tilbringe tid med mine venner og familie. Jeg indså, at det at være omgivet af dem, jeg elskede, gav mig en følelse af ro og lykke. Vi skabte sjove minder sammen og nød hinandens selskab.

Jeg eksperimenterede også med alternative behandlinger, hvilket inkluderede bitre abrikoskerner i min daglige kost. Disse kerner siges at have helbredende egenskaber og kan hjælpe med at bekæmpe visse sygdomme inklusiv kræft. I perioder spiste jeg efter Budwigkuren, som også viser gode resultater.

Min helbredelses rejse var ikke nem, men den lærte mig værdien af selvpleje, og at prioritere mit helbred. Gennem skiferier, vandreferier, sunde kostvaner og støtte fra mine kære formåede jeg at finde glæde og håb i hverdagen.

På grund af mit sygdomsforløb var jeg nødt til at træffe nogle svære beslutninger i forhold til min blomsterbutik. Jeg måtte desværre lukke min ene butik, da jeg ikke længere kunne håndtere den store arbejdsbyrde.

I stedet flyttede jeg til en mindre butik med færre ansatte og lavere omkostninger. Dette tillod mig at have mere tid og energi til at fokusere på min helbredelse og vejen til et sundere liv.

Selvom jeg ikke længere var i stand til at arbejde på samme niveau som før, behøvede jeg ikke at opgive mine interesser og passioner.

Efter nogle måneders sygdom fortsatte mit arbejdsliv i fuld fart. Om aftenen, da min familie sov, købte jeg mine varer online for at spare på mine kræfter, og fik dem leveret. Jeg kom langsomt ovenpå igen og følte ingen angst eller frygt.

Jeg følte ikke, at jeg havde noget valg – livet skulle fortsætte. Jeg arbejdede for at tjene penge og levede for ferierne. Desværre var mine ansatte slidt op efter al den sygdom, og de begyndte at skændes og behandlede hinanden dårligt. Dette gjorde, at jeg måtte træffe en ny beslutning.

Jeg havde en butik tilbage, som jeg flyttede til nye lokaler. Jeg havde færre ansatte og en mindre husleje. Selvom min økonomi var dårlig, fortsatte jeg i håb om, at det en dag ville blive bedre. Der kom nye medarbejdere til, vi var en lille hyggelig butik. Dette tillod mig at have mere tid og energi til at fokusere på min helbredelse og vejen til et sundere liv.

Butikken præsenterede sig altid smuk med alle de smukke blomster, men hvem skulle egentlig blomstre? Mon jeg nogensinde tænkte på det, jeg havde helt klart en mavefornemmelse igennem disse år, men jeg lyttede desværre ikke til den. I dag har jeg lært, at det er den vigtigste vejviser vi har i livet, nemlig vores mavefornemmelse – intuition.

For at støtte min helbredelsesproces holdt jeg fast i mine kostvaner og spiste sund mad uden sukker, alkohol, kød og brød. Jeg vidste, at ernæring spillede en vigtig rolle i min helbredelse, så jeg valgte også at følge Budwigkuren, som er kendt for sin positive virkning på inflammation og immunsystemet.

Jeg havde konstant fokus på, hvad der var godt for mig. Min konstante fokus på en sund livsstil blev en negativ vane. Jeg blev besat af tanken om aldrig at blive syg igen og var alt for optaget af alt, hvad jeg spiste og gjorde.

Jeg brugte al min tid på at læse om forskellige metoder og søge efter nye behandlinger for at forbedre min livsstil. Jeg indså, at jeg var nødt til at finde en balance og erkende, at det ikke altid er sundt at have fokus på kun én ting. Jeg begyndte at arbejde på at bryde mine dårlige vaner og skabe en mere afbalanceret tilgang til min sundhed.

Var det nemt? Gjorde jeg det?

Hvis jeg ikke gjorde det, hvad var så begrundelsen for det.

På hjemmefronten kendte alle til mine holdninger, heriblandt familien, til trods for, at vi måske så hinanden to gange om året. Det var utrolig omsorgsfuldt og kærligt.

Når vi var hos mine forældre, blev der altid lagt vægt på, at maden var lavet, så jeg også kunne spise den, det var jo ikke fordi, at jeg ikke kunne spise maden, jeg havde blot besluttet mig for at ændre på mine kostvaner helt fra start og det holdt ved, det var min livsstil.

Jeg var med i forskellige grupper på Facebook, heriblandt »Tidslerne« og »Fokid«, hvis du ikke kender til disse to kan jeg kort forklarer dig, at Tidslerne er en levende kræftpatient forening og Fokid er en lukket gruppe for patienter der bruger COCProtokolen. Alt hvad der foregik her, drejede sig om sygdom, jeg fulgte dagligt med på Facebook, om hvad der rørte sig.

Jeg var bestemt i den overbevisning, at alt jeg gjorde, var for mit eget bedstes skyld. Jeg vidste ikke på dette tidspunkt, hvilken indvirkning mine handlinger havde på min underbevidsthed.

Som Earl Nightingale engang sagde, »tal aldrig om dit helbred, medmindre det er godt«, hvad betyder det?

Hold fokus og tal om det, som du ønsker at få mere af.


*1. Prioriter din tid:* Planlæg din dag effektivt og vær opmærksom på, hvordan du bruger din tid. Prioriterer opgaverne, så du får de vigtigste ting gjort først.

*2. Pas på dig selv:* Sørg for at spise sundt, få nok søvn og motionere regelmæssigt. Dette vil hjælpe dig med at være mere energisk og produktiv i løbet af dagen.

*3. Skab gode vaner:* Identificer de vaner, der hjælper dig med at være mere produktiv og fokuseret. Dette kan inkludere ting som at oprette en todoliste, arbejde i kortere intervaller med pauser, og undgå distraktioner som sociale medier.

*4. Vær organiseret:* Hold dit arbejdsområde rent og ryddeligt. Vær også organiseret med dine filer og dokumenter, så du nemt kan finde dem, når du har brug for dem.

*5. Lær at sige nej:* Det er vigtigt at sætte grænser for dig selv og lære at sige nej til ting, der ikke er vigtige eller prioriterede. Dette vil hjælpe dig med at undgå overbelastning og bevare din produktivitet.

## Mennesker bliver syge

mennesker bliver syge
bliver bange og grå
ser kun frygtens ramme
uden rigtig at forstå

et budskab kunne være
forklædt i det sære
hvis vi vil forstå
må vi tro på håb

kærlighed er for at blive
holde os i live
slip dig fri
fra frygtens ramme

pak den op, lad dig nære
forstå dens budskab kære
læn dig tilbage
tillad dig at lære
Kapitel 5
7 år efter, hvorfor?

2023 skulle blive året der ændrede mit syn på mit sundhedsbillede, i hvert fald det jeg på det tidspunkt anså for at være mit fulde sundhedsbillede.

En martsmorgen på et privathospital i København, hvor min

mand kørte med mig. Vi vidste godt, hvad der skulle ske, vi havde været i denne situation før.

Var den rar, nej.

Der var fuldkommen stille i bilen, jeg skulle ind og have foretaget en scanning. Tankerne var konstant aktive »er det kræft – er det ikke kræft?«

Jeg havde prøvet det en gang før, for 7 år siden, angsten og frygten var ikke mindre denne gang.

Angst – angst for hvad.

Hvor kom den fra, hvem satte gang i den og hvorfor?

Vi satte os i venteværelset og snart blev det min tur. Det så ikke så godt ud, lægen udtrykte kun lyde som, hmmm, aha, hm hm, der var ikke meget kommunikation at hente.

Efter længe ventet kom svaret, jeg vidste det jo godt.

Det viste sig, at kræften havde bredt sig til store dele af min krop.

Til den kommende lægesamtale fik jeg beskeden: Det ser meget slemt ud, du skal have kemo resten af dit liv, resten af mit liv, tænkepause.

Hvor langt er det liv?

Hvem beslutter det?

På hvilket grundlag og hvorfor.

Vi samledes hjemme, min mand og vores to piger. Vi sad rundt om spisebordet, og vi var alle godt klar over, at det var noget rigtig møg.

Vi forsøgte at tale sammen, vi talte sammen, vi græd, vi vidste godt hvad klokken havde slået. Eller gjorde vi det, måske var det noget vi antog.

At få en diagnose og her mener, at det er ligegyldigt hvilken, så er der pludselig en masse tanker & følelser, man som menneske må forholde sig til.

»At få en diagnose er meget voldsomt.« Det er forbundet med frygt, angst, uvidenhed og uvished, hvilket betyder, at man er meget alene. Alene med ens tanker og følelser. Det er fuldt forståeligt, at det kan vække en række intense følelser som frygt, angst, vrede og usikkerhed. Det kan være meget udfordrende, og det kan føles som om, man står alene i situationen, da det ofte er svært for andre at forstå, præcis, hvad man går igennem.

Selvom det kan føles som om, man er helt alene, er det vigtigt at huske, at støtte og hjælp er tilgængeligt. At åbne op for ens følelser med en betroet person, søge viden om diagnosen og søge professionel hjælp, kan alle være skridt i retning af at håndtere den følelsesmæssige byrde og lære at håndtere de udfordringer, der følger med diagnosen.

Det er vigtigt at huske, at det er okay at føle alle disse følelser, og det er vigtigt at tage hånd om sig selv og søge støtte, når man har brug for det.

Personligt da jeg havde fået min diagnose, følte jeg, at en tung sky hang over mig. Jeg følte mig fanget i en boble, hvor det virkede som om, andre talte om mig. Det var en overvældende og isolerende oplevelse, og det var svært at håndtere mine følelser.

Jeg husker tydeligt, hvor svært det var at være i, jeg vidste selv, at det var meget alvorligt, og samtidig havde jeg en indre power og styrke, der kunne guide mig.

Jeg anerkendte, at det var okay at have disse følelser, men det var også vigtigt for mig at nå ud og søge støtte. Jeg følte mig alene og overvældet, og det var en udfordring at bryde den følelsesmæssige isolation, jeg befandt mig i. Jeg indså, at det var vigtigt at åbne op om mine tanker og følelser med dem, jeg stolede på. Det var en proces, der tog tid, men jeg vidste, at det var vigtigt at tage vare på mig selv og bede om hjælp, når jeg havde brug for det. Jeg fandt min støtte og omsorg under denne udfordrende tid.  Det at få en diagnose og blive skubbet ud af hospitalet med papirer i hånden om forventningerne og behandlingsforløbet føles som en scene fra det vilde vesten, hvor der bliver skudt om ørerne på en, og man ved ikke, hvor man skal løbe hen. Det er en forvirrende og skræmmende oplevelse, hvor usikkerheden og kaosset kan virke overvældende.

Det er hjerteskærende at skulle dele en sådan frygtelig oplevelse med ens elskede mand og børn samt med venner og familie. Tankerne om, hvad der skal ske, kan virke overvældende og skræmmende, og det er helt forståeligt at føle sig bekymret og usikker i en sådan situation.

Ved næste lægesamtale blev jeg også tilbudt stråleterapi, sideløbende var jeg begyndt at behandle mig selv med cannabisolie. Jeg valgte ikke at lytte til lægens udtalelse omkring dette, jeg havde prøvet det før, så det kunne ikke skræmme mig.

Jeg kom relativt hurtigt i gang med strålerne, jeg overbeviste mig selv om, at de skader jeg havde hørt, at andre havde fået, dem ville jeg ikke få.

Jeg besluttede mig generelt for at strålerne ville hjælpe min krop, hvilket jeg var dybt taknemmelig for.

Angsten var stor, den fyldte rigtig meget. Angst for kemo, angst for behandlingen, hvor syg ville jeg blive?

Ville det overhovedet hjælpe?

Hvor længe ville jeg kunne leve under de omstændigheder?

Hvor kom denne angst fra?

Hvad ville den?

Hvad kunne jeg bruge den til?

Jeg holdt mig fra alt, hvad der hedder omtale, jeg gjorde alt hvad jeg kunne for ikke at lade mig påvirke udefra, det samme bad jeg mine børn, for at skåne dem. Jeg vidste godt, hvad der stod.

Min personlige holdning til kemo var/er ikke positiv, jeg forstår ikke, hvorfor man behandler med dette, når vores krop allerhelst vil heale sig selv.

Jeg fandt heldigvis relativt hurtigt min indre urkvinde frem med al min power, styrke og vilje. En ting var sikkert: Jeg ville livet, min elskede familie og jeg nægtede at den sorte sky skulle tage over. Jeg bevægede mig ud i al slags vejr hver eneste dag og mærkede livet, jeg begyndte at meditere hver dag flere timer. Jeg vidste, at det var muligt at komme på benene igen, og jeg havde besluttet mig for, at jeg ville blive rask igen. Og jeg skulle nok selv sørge for det, hvis jeg ikke kunne modtage anden behandling fra sygehuset end kemo.

Når vi erkender, hvor vigtige vores tanker er, opstår spørgsmålet: Hvordan kan vi påvirke dem?

Vi indser, at vi har muligheden for at ændre vores tanker, og dermed ændre vores oplevelser og virkelighed. Vi finder ud af, at vores tanker ikke er varige... TÆNKEPAUSE ….

Det starter med at lytte til vores egen indre visdom og intuition. Vi erfarer, at når vi er åbne for vores indre vejledning, åbner vi op for nye muligheder og oplevelser.

En måde at påvirke vores tanker på er ved hjælp af affirmationer – positive udsagn, som gentages for at styrke ønskede tanker og overbevisninger. Vi vælger bevidst at tro på det bedste i os selv og verden omkring os.

Vi begynder at reflektere over, hvad vores tanker egentlig fortæller os. Hvad er deres formål, og hvad vil de?

Vi spørger os selv, om vi virkelig har brug for de tanker, der opstår, eller om de blot er en kilde til unødvendige bekymringer og negativitet. Vi undersøger, hvor vores tanker kommer fra, og hvilke overbevisninger, der har skabt dem. Vi indser vigtigheden af at ændre vores tanker og ændre deres kraft og betydning. Nogle gange skal vi negere de negative tanker, udfordre dem og erstatte dem med mere positive og konstruktive tanker. Vi skaber plads til nye tanker, der kan udvikle os.

Spørgsmål opstår også omkring stress, der påvirker vores krop og sind. Vi dykker dybt ind i, hvor stress kommer fra, og hvad det forsøger at fortælle os. Vi erkender, at stress er en indikator på, hvad der har brug for vores opmærksomhed og ændring. Vi bruger vores forståelse af stress til at målrette vores helbredelse og velvære.

Når vi er i sundhedssystemet som jeg var, er det forbundet med fuldkommen stress.

Stress har en påvirkning på vores helbred, uanset om vi er syge eller ej. Når vores omgivelser er stressfyldte, kan det påvirke vores krop og sundhed negativt. En stresset krop kan blive overfølsom over for lyde, lys, udsagn og andre stimuli. Når vi oplever stress, reagerer vores krop med øget anspændthed, angst og ubehag. Dette kan forværre eksisterende sygdomme eller skabe grobund for udviklingen af nye. Stress kan også forhindre vores krop i at hele sig selv på en effektiv måde.

Lyde, der normalt ikke generer os, kan nu virke forstyrrende og forværre vores stressniveau. Det samme gælder for lys, udsagn og informationer, der kan overstimulere vores sind og forværre vores helbredsmæssige tilstand. Negativitet, frygt og bekymringer fra andre mennesker kan også påvirke os i negative retninger.

Derfor er det så vigtigt at være opmærksom på vores omgivelser og minimere stressfaktorer, hvor det er muligt. Skabe et roligt og afbalanceret miljø, hvilket vil hjælpe vores krop med at helbrede sig selv. Tænker du nu, at det er umuligt i sådanne situationer, så er det nu, at du må vide, at intet er umuligt, kun det du selv tillader.

For at beskytte vores helbred er det vigtigt at træffe bevidste valg om, hvilke stimuli og informationer vi udsætter os selv for. Dette kan bidrage til at skabe et mere sundt og harmonisk miljø, der fremmer vores evne til at hele og genoprette os selv.

Husk, at selvom stress kan have en betydelig indvirkning på vores helbred, har vi evnen til at påvirke vores reaktioner og skabe en mere gavnlig oplevelse for os selv. Ved at være opmærksomme på vores egen krops og sindstilstand kan vi træffe positive valg og beskytte vores helbred i stressfyldte omgivelser.

Vi bemærker, at videnskaben traditionelt er baseret på behandlinger og resultater. Men hvis vi erkender, at vi er hele mennesker, hvor tanker, følelser og erindringer spiller en afgørende rolle i vores helbred og livskvalitet. Vi forsøger at integrere vores forståelse af det indre miljø i vores helbredelsesmetoder og finder nye måder at helbrede på, der tager os som en helhed i betragtning.

Vi indser, at det indre miljø er altafgørende. Vores tanker og følelser kan påvirke vores helbred, vores evne til at manifestere vores ønsker og vores generelle livskvalitet. Vi vågner op til vores egen kraft og beføjelse til at skabe vores eget liv og at ønske alt, hvad vi ønsker at opnå.

Så lad os bruge vores forståelse og indsigt til at påvirke vores tanker. Lad os skabe positive og meningsfulde tanker, der fører os mod vores ønsker og mål. Lad os tage os tid til at lytte til vores intuition og vælge de tanker, der støtter vores helbred og velvære. Med vores tanker, følelser og handlinger kan vi skabe et liv fyldt med muligheder og opnå alt, hvad vi ønsker at opnå.

Jeg kom til endnu en lægesamtale for at drøfte min situation, og hvorfor jeg ville vælge kemo fra. Jeg følte ikke, at jeg havde et valg, hun var en meget bestemt og kontant dame. Jeg var ikke i tvivl.

Puha… jeg følte mig trængt op i en krog, jeg følte ikke, at jeg havde et valg, min krop var virkelig syg. Jeg endte med at sige ja til kemo. Det var en meget stresset periode.

Jeg fik i mellemtiden 10 strålebehandlinger og det gik ud over al forventning, hver eneste gang mødte jeg en ny sygeplejerske, hver gang blev jeg bekræftet i at min hud ikke havde taget skade af strålingen, hvilket alle undrede sig over. Jeg vidste godt hvorfor.

Det er en uhyggelig tid at kigge tilbage på, alle er søde og rare og alligevel famler alle lidt rundt i tågen.

Min første sygeplejerske samtale inden mine strålebehandlinger foregik også med en utrolig sød sygeplejerske, hun forklarede mig alt, måske alt. Hun glemte at oplyse mig om, at jeg skulle have fire små tatoveringer.

»Jeg følte mig virkelig overrumplet«.

Jeg har altid haft den personlige holdning til, at kroppen vil hjælpe sig selv, den har ingen interesse i at »give op«, for at den kan hjælpe sig selv, har den behov for at blive understøttet. Sund kost, vitaminer, frisk luft.

Jeg mediterede hver eneste dag 456 gange og arbejdede med mit mindset, for at angsten og frygten ikke skulle tage over.

Jeg skrev mine taknemlighedsøvelser ned hver dag, også de dage hvor jeg var meget trist, det lykkedes mig hver dag at finde noget, jeg var taknemlig for. Jeg skrev f.eks.

Jeg er så glad og taknemmelig for livet

Jeg er så glad og taknemlig for min elskede mand

Jeg er så glad og taknemlig for mine elskede piger.

Hver eneste dag gik jeg en tur i naturen, ikke engang i mellem, nej hver eneste dag alene.

Det gav mig tid, rum og mulighed for at være både i den situation jeg stod i, men også at nyde naturen som den lige var den dag, hver dag.

Selvom nogle dage var tunge og tårerne trillede ned af kinderne, gav jeg mig selv mulighed for at se noget positivt, og igen finde taknemmelighed.

Der gik ti uger med strålebehandlinger, det gav mig tid og rum til at tænke og mærke efter.

Jeg valgte klart og tydeligt at sige til lægerne, at jeg ikke ønskede nogen prognose. Jeg ønskede ikke at høre NOGET, der ikke ville gavne mig.

Jeg tog mig selv i hånden efter en vanskelig periode og besluttede, at jeg ikke ville lade nogen presse mig til at træffe valg, der ikke føltes rigtige for mig.

Trods alle forventninger og normer valgte jeg at fravælge kemoterapi, hvilket resulterede i, at en sygeplejerske blev sur på mig. På grund af min beslutning blev jeg kaldt til en ny samtale med lægen, hvor jeg skulle forsvare mit valg. Forsvare mit valg, hvad betyder det egentlig?

Hvordan kan vi overhovedet komme dertil, at et selvstændigt valg skal forsvares?

Hvem pålægger man det pres og hvorfor?

En hel ny sygeplejerske blev sat til at overbevise mig om at ændre mening, mens den nye læge blot rullede øjnene og syntes at nedgøre mig. Jeg valgte at sætte en usynlig panserglasplade op mellem lægen og mig, så jeg ikke kunne mærke de dårlige vibrationer. trods modstanden valgte jeg at fortsætte mit intensive arbejde med at udvikle og styrke mit mindset, og jeg gjorde det med stålsathed og en stærk beslutsomhed.

Jeg ønskede at leve. Uanset hvor svært det kunne være, og uanset hvor mange udfordringer, der ventede på mig, var jeg fast besluttet på at gå min egen vej mod helbredelse og velvære.

Efter 3 måneder blev jeg henvist til scanning, som lægen sagde med et tvist af ironi »det skal vi da have gjort«.

Jeg takkede ja til deres imødekommenhed og tog imod scanningen, en uge efter kom der svar i eboks. Det var så positivt, at det næsten ikke var til at forstå. Jeg skulle have en opfølgende samtale med min læge.

Endnu en ny læge, han var sød og rar, han spurgte om jeg havde læst svaret, jeg nikkede.

Han kiggede på med store øjne og sagde »jeg kan ikke få armene ned over det her svar«.

Han spurgte ikke ind til noget, jeg tænkte i mit stille sind.

Den dag gik jeg ikke ud fra hospitalet. Jeg gik ikke, jeg følte, at jeg fløj hen over gulvet mod udgangen.

Jeg vidste, at jeg havde fat i det rigtige, nu var det min vir-

kelighed, mine børns, min mands, mine forældres og venners.
Tænk, at der ikke udvises nogen interesse for hvordan.

Jeg så aldrig den første læge igen….TÆNKEPAUSE

Næste gang jeg så en sygeplejerske, sagde hun til mig »sådan
skulle det være«, jeg smilte i min stilhed.

Sidder du lige nu og tænker, at det er umuligt, så læs videre.
Sidder du lige nu og tænker, hvordan det gik til, så læs videre.

Sidder du lige nu og tænker, at mange af de følelser jeg har skrevet
om, kan du nikke genkendende til, måske med en anden tilgang,
fra en anden sygdomshistorie eller en helt anden situation i livet.
Så læs videre, tro mig det kommer til at give så meget mening.

For havde alt det, der skete inde i mig, noget med kroppens
sygdom at gøre?
Eller var det et fysisk resultat?
Hvad betyder ordene frygt og angst?
Hvad er de bundet op på?

Jeg søgte motivation og støtte fra andre, der havde opnået fuld-
komne resultater i deres egen helingsproces. Jeg målte mig med
dem og blev inspireret af deres historier om triumf over sygdom
og deres evne til at genoprette deres helbred.
Selvom jeg var klar over, at min vej ville være unik og indivi-
duel, gav deres succes mig håb og tillid til, at jeg også kunne opnå
fuldkommenhed i mit eget liv. Jeg vidste, at det var muligt, og jeg
tøvede ikke med at tage det første skridt på den vej.

Det var ikke let, og der var mange dage, hvor det føltes som om, at jeg blev udfordret på alle fronter. Men min faste beslutsomhed og tro på min egen helings kraft holdt mig i gang. Jeg var villig til at ofre de nødvendige ændringer i mit liv for at opnå resultaterne, som jeg ønskede.

Min rejse mod helbredelse var ikke en lineær proces. Der var op og nedture, fremskridt og tilbageskridt. Men jeg blev ved med at lære og vokse af hver oplevelse, min vision om fuldkommen helbredelse.

Nu, når jeg ser tilbage, er jeg taknemmelig for det valg, som jeg traf. Det førte mig på en rejse af personlig vækst, empowerment og genoprettelse af mit helbred. Jeg opnåede fuldkomment resultater, og min historie inspirerer nu andre til at tro på deres egen helbredelse styrke.

Uanset, hvor du er i dit eget helbredelseseventyr, vil jeg opfordre dig til at tage en beslutning, som du tror på og føler er rigtig for dig. Du er stærk, og du har evnen til at skabe de resultater, du ønsker. Vær modig, stå fast og gå din egen vej mod et liv fyldt med sundhed, lykke og velvære.

Redskaber til at tackle sådanne situationer: Meditationer er med til at skabe ro og balance, hvilket er utrolig vigtigt i sådanne perioder. Daglige gåture og være i nuet. Mit daglige arbejde med fokus på mine tanker og alt det materiale jeg har studeret for at blive på sporet.

Heriblandt daglige autosuggestion, hvor jeg dagligt arbejdede med min underbevidsthed.

*1. Reflekterer over dine mål og værdier:* Tag dig tid til at reflektere over, hvad der virkelig betyder noget for dig i livet. Identificer dine værdier og sæt klare mål baseret på dem. Dette vil hjælpe dig med at fokusere dine energi og ressourcer på det, der er vigtigst for dig og undgå at blive fanget i en trædemølle.

*2. Skab en plan og handling:* Efter at have defineret dine mål kan du opbygge en handlingsplan med trin, der skal tages for at nå dem. Start med små handlinger, der bevæger dig i den ønskede retning, og byg gradvist din indsats op. Sæt realistiske og målbare mål, og vær konsekvent i at arbejde hen imod dem.

*3. Gør op med begrænsende overbevisninger:* Vær opmærksom på eventuelle negative eller begrænsende overbevisninger, der holder dig tilbage, og udfordre dem. Tro på dine evner og muligheder for at opnå det, du ønsker at erkende og erstatte negative tanker med positive og opmuntrende tanker, der støtter din vækst og udvikling.

*4. Skab sunde vaner og rutiner:* For at bryde ud af et hamsterhjul er det vigtigt at skabe nye sunde vaner og rutiner. Identificerer eventuelle vaner eller mønstre, der holder dig låst i en gentagende cyklus, og erstat dem med sunde vaner, der fremmer din personlige udvikling og trivsel. Dette kan inkludere ting som regelmæssig motion, sund spisning, gode søvnvaner og tid til refleksion eller selvpasning.

*5. lyt til dig selv og gå den vej du ønsker,* dette behøver nødvendigvis ikke at være den, alle andre går. Find støtte og hjælp: Du behøver ikke bryde ud af et hamsterhjul alene. Søg støtte fra venner, familie eller fagfolk, der kan støtte dig på din rejse mod forandring.

# Jeg elsker dig

Morgentur i regn og vind
tusindvis af dråber på min kind
alle tanker svinder hen
formuler bliver til ingenting

jeg bemærker hver dag
du viser mig vej
du lytter, støtter og nære mig
stille kommer jeg dybere lag for lag

vælger de tanke der nærer mig
giver kærlighed, tillid til mit dybe jeg
tusindvis af dråber viser mig vej
nære og gøder i tillid til dig

din reneste, højeste energi
jeg tillader, at det bliver min
ingen skal lukke min proces i
jeg ved at det er min

min reneste højeste energi
al kærlighed og taknemlighed
i tillid til mig
jeg skaber min verden inde i mig

denne dyrebareste gave
har du vist mig, i tillid til mig
i dybeste taknemmelighed
jeg elsker dig

# KAPITEL 6

# Tanker og følelser

En efterårsmorgen
med sol og kærlighed
en kølig vind på min kind
et vink fra naturens uendelighed

naturen gør klar og pakker ned
hvordan gør du, følger du med
husk du er, din egen lykkes smed

frugter, blade og bær
formuler og bliver til mer'
den samler ikke på gamle bær
den ved at tiden er inde
til at sætte frø og blive til mer'

følg med og du vil se
saml ikke på gamle tanker
slip dem fri, lad dem formulde
slip dit anker
skab plads til dine smukke tanker

En sygdomsperiode giver mange tanker mellem himmel og jord. Min sygdomsperiode satte rigtig mange tanker i gang.

Når jeg kiggede tilbage på mine arbejdsrelationer, uanset om det var som selvstændig med butik, freelance eller som ansat, så kunne jeg se et mønster, som jeg hele tiden flyttede med mig.

Jeg havde nogle dybe følelser, som jeg bar med mig rundt, også i min tilgang til venner og familie, og til mig selv.

Jeg valgte at starte på et selvudviklingsforløb, da jeg havde det dybeste ønske om at knække koden. Jeg var så overbevist om, at der var en mening med det hele. En mening som jeg skulle lære at forstå, forstå mig selv, mine tanker, mine handlinger, mine relationer, mine mønstre, alt omkring mig.

Jeg skal være helt ærlig og fortælle, Jeg begav mig ud på en rejse mod selvudvikling og stod over for en udfordrende indre konflikt mellem min tro og håb om at finde et quick fix til mine problemer. Ofte lagde jeg ansvaret for mine kampe på andres skuldre og søgte febrilsk efter hurtige løsninger.

Men så begyndte jeg langsomt at skrive mine tanker ned, som et forsøg på at få greb om dem, at undersøge deres oprindelse. Jeg granskede i dem, hvem der havde plantet disse tanker i mig og hvorfor.

Jeg var fanget i illusionen om, at jeg ikke var god nok, at jeg altid skulle stræbe efter at være bedre og hurtigere end andre.

Det var en tærende erkendelse, men gradvist begyndte jeg at indse, at disse tankemønstre ikke var sunde for mig. Jeg måtte lære at acceptere mig selv som god nok, uden at skulle bevise noget over for andre. Det blev vigtigt for mig at finde indre ro og balance, at lære at elske og acceptere mig selv i al sin fuldkommenhed.

Jeg fortsatte min rejse mod selvudvikling i dybden, analyserede mine tanker og følelser. Jeg lærte at stole på min egen indre kraft, at nærme mig mine mål i mit eget tempo. Jeg begyndte at værdsætte mine egne fremgange, i stedet for konstant at måle mig selv op mod andres præstationer og føle mig utilstrækkelig, og slet ikke for andres accepts skyld.

I takt med at mine tanker skiftede karakter, voksede min tro på mig selv og mine evner. Jeg indså, at det var op til mig at skabe min egen lykke og indre tilfredsstillelse. Jeg opdagede, at jeg havde en dybere styrke og mod, end jeg nogensinde havde forestillet mig. Selvom det tog tid og krævede en ihærdig indsats, blev min rejse ind i selvudvikling en dybtgående transformation. Jeg lærte værdien af nærvær og taknemmelighed for øjeblikket i livet.

Jeg fandt styrke i at være tro mod mig selv og stå fast mod de forventninger, som andre stillede mig. Jeg blev fast besluttet på at slippe gamle paradigmer og lade være med at blive påvirket af andres reaktioner på mine valg.

Jeg stod fast og tillod ikke negativ indflydelse eller begrænsninger at stoppe mig. Jeg valgte at tro på mig selv og stole på mine valg.

Jeg søgte ro og stilhed, og fandt en stærk kilde af naturkræfter gennem mine gåture i timevis.

Meditation blev en vigtig del af min hverdag, og det gav mig indre styrke og klarhed. Jeg indså, at jeg ville mere og ønskede at bevæge mig væk fra gamle handlinger, meninger, og begrænsninger, der holdt mig tilbage.

Rejsen var ikke let, der var udfordringer og perioder med tvivl. Men jeg lod ikke, disse begrænsninger forhindrer mig.

Jeg stod fast i min beslutning og holdt fast i troen på, at jeg var i stand til at forandre mig og skabe den tilværelse, som jeg ønskede.

Gennem meditationspraksis og gåture i naturen fandt jeg styrke og motivation til at fortsætte min rejse. Jeg var villig til at slippe gamle mønstre og paradigmer, der ikke længere tjente mig, jeg ønskede fuldkommen sundhed og helbred.

Jeg var hengiven over for forvandlingen og gav mig selv lov til at udforske nye muligheder og potentialer.

Langsomt begyndte jeg at mærke en indre forandring. Jeg følte mig mere forbundet med mig selv og med naturen omkring mig. Jeg opdagede nye måder at være til stede på, nye forståelser af mig selv og min verden.

Jeg indså, at jeg havde evnen til at træffe valg, der var i overensstemmelse med mine værdier, mine drømme og mine ønsker. Jeg følte mig befriet fra gamle begrænsninger og forventninger.

Det var i ensomhed og beslutsomhed, at jeg begav mig ind i min proces. Ensomhed som jeg havde behov for, netop at være alene inde i mig uden andres meninger og begrænsninger.

Min krop var syg, og jeg brugte timevis på at arbejde med mit indre.

Jeg indså, at mine tanker havde skabt min verden. Spørgsmålet var, hvorfor jeg havde valgt at have dårlige tanker?

Hvorfor havde jeg tilladt negativitet at fylde i mit sind?

Jeg indså, at mine tanker var et resultat af mine oplevelser og min opfattelse af verden omkring mig. Jeg blev klar over, at hvis jeg ønskede positive tanker, måtte jeg ændre min opfattelse af mig selv.

Jeg begyndte at vælge positive tanker bevidst. Jeg øvede mig i at fokusere på det gode i hver situation, at finde taknemmelighed og glæde i de små ting.

Det var ikke altid let, og der var øjeblikke, hvor jeg faldt tilbage i gamle tankemønstre. Men jeg gav ikke op. Jeg vidste, at mine tanker var afgørende for min egen sundhed, helbred, lykke og velvære.

Langsomt begyndte jeg at opleve en forandring i mit sind. Mine negative tanker blev erstattet af mere positive og givende tanker. Jeg begyndte at opleve øget velvære og tilfredshed i mit liv.

Jeg indså, at mine tanker ikke alene bestemte min verden, men også påvirkede mine handlinger og resultater. Jeg blev mere bevidst om, at mine tanker var drivkraften bag mine handlinger og resultater. Derfor blev jeg mere omhyggelig med at vælge mine tanker med omhu. Ligesom klods Hans valgte i H.C Andersens eventyr, du'r du'r ikke – du'r du'r ikke.

Jeg erkendte, at jeg var ansvarlig for mine tanker og at det var op til mig at skabe en positiv og opbyggende tankegang. Jeg modtog ikke kun tankerne, jeg havde også magten til at ændre dem.

I dag fortsætter jeg med at arbejde på mine tanker og vælger de positive. Jeg ved, at mine tanker er afgørende for mit velbefindende, og at de er resultatet af mine valg. Jeg stræber efter at skabe en verden fyldt med positive tanker, fordi jeg ved, at det er vejen til et opfyldt og meningsfuldt liv med sundhed og helbred. Er det ikke fantastisk at tænke på, du kan selv skabe din verden med dine tanker?

I dag kan jeg med stolthed sige, at jeg har fundet min vej til at føle mig god nok, uden at skulle stræbe efter at være bedre eller hurtigere end andre. Jeg lever nu i fred med mine tanker og finder en indre ro, som jeg aldrig før har oplevet. Det var en rejse, der krævede mod, men det var det hele værd – for den førte mig til en dybere forståelse af mig selv og af livet.

Jeg begyndte at analysere mine tanker og undersøge dem nærmere. Jeg observerede mine tankemønstre og reflekterede over deres oprindelse og indvirkning på mit liv. Ved at analysere mine tanker kunne jeg identificere eventuelle mønstre af negativitet eller begrænsende overbevisninger, der kunne have påvirket min attitude og handlinger.

Min attitude og indstilling var afgørende for, hvordan jeg oplevede verden omkring mig. Jeg indså, at hvis jeg ønskede at ændre min verden, måtte jeg først ændre min attitude. Jeg arbejdede på at have en mere positiv og konstruktiv attitude, hvor jeg valgte at se muligheder i stedet for begrænsninger.

Jeg blev mere opmærksom på mine tanker og holdninger, og hermed arbejdede bevidst på at ændre dem, når de blev negative eller begrænsende. Jeg trænede min bevidsthed om mine tanker og var villig til at justere min attitude, når jeg mærkede, at det ikke var gavnligt for mig.

Analysen af mine tanker og justeringen af min attitude hjalp mig med at skabe en ændring i mit mindset. Jeg begyndte at se muligheder og løsninger i stedet for problemer og begrænsninger.

Jeg udviklede en mere positiv og åben indstilling over for livets udfordringer.

Det var en gradvis proces med mange øjeblikke af selvrefleksion og selvjustering. Men det var det værd. Jeg blev mere bevidst om mine tanker og holdninger, og dermed i stand til at forme min egen virkelighed på en mere positiv og givende måde.

Ved at arbejde med mine tanker og have en konstruktiv attitude kunne jeg skabe en dybere forståelse af mig selv og verden omkring mig.

Jeg fortsætter med at analysere mine tanker og justere min attitude i min stræben efter personlig vækst og selvudvikling. Jeg er parat til at fordybe mig i mine tanker, udforske min attitude og skabe en positiv og dybtfølt forandring i mit liv, jeg vender aldrig mere tilbage til det, der skabte mig vejen hertil.

Min attitude ændrede sig i takt med min personlige udvikling.

Gennem selvrefleksion og selvudvikling blev jeg mere bevidst om mine negative holdninger og forestillinger, og arbejde på at ændre dem til mere positive og konstruktive holdninger.

Attitude er et resultat af vores tanker, overbevisninger og erfaringer. Når vi arbejder aktivt på at forstå og ændre vores tanker, kan vi begynde at ændre vores attitude til en mere positiv og åben indstilling til livet. Dette kan føre til en forbedret interaktion med verden omkring dig og et mere tilfredsstillende liv og dermed mere sundhed og helbred.

Husk, at ændring af attitude er en kontinuerlig proces. Det kræver vedholdenhed og bevidst bestræbelse på at udfordre og ændre gamle tankemønstre og paradigmer.

Vores attitude spiller en afgørende rolle i vores liv og kan have en stærk indvirkning på vores fysiske og mentale helbred. Når vi vælger at tænke positivt og kultivere en sund holdning, kan vi opleve en bemærkelsesværdig forbedring i vores velbefindende. Dette gjorde og opnåede jeg som en slange, der skifter sin ham.

## Vision

Tid er en illusion
læn dig tilbage, ha tillid
se din vision
lad den vise dig

det der var i går, er blot et resultat hvis du forstår
slip det, så du forstår
at du får, hvad du sår
tillad dig at så, uden bekymringer du formår

i morgen er forventning
alt kan ændre sig
befri din tvunget tænkning
lad livet komme til dig

blive i nuet, hvor du kan skabe
livet som du ønsker dig
når du sår dine egne lykkes frø
vil de spire og vise sig

En vigtig ting at forstå er, at vores krop har en utrolig evne til selvhelbredelse. Vores tanker og følelser påvirker vores celler og kan aktivere eller hæmme processen mod helbredelse. Med en positiv attitude og en dyb forståelse for vores evne til selvhelbredelse, kan vi åbne døren for vores krops naturlige helingsprocesser.

Når vi nærer vores tanker og sind med positive og konstruktive tanker, sender vi stærke signaler til vores krop om at stimulere helingsprocessen. Vores celler reagerer på denne opmærksomhed og begynder at frigive helende stoffer, der kan øge vores helbred og styrke vores immunsystem. Med andre ord, der bliver skabt et nyt miljø.

At have en kærlig og omsorgsfuld attitude over for os selv og vores krop er også essentielt for vores helbred og velbefindende. Når vi plejer vores krop med kærlighed, ernæring og motion, giver vi den bedste mulighed for at opretholde sundhed, harmoni og skønhed. Det handler om at anerkende og værdsætte kroppens evne til at helbrede sig selv og give den støtte og næring den har brug for, husk at dette ikke er nok, du må også tænke i de baner, for at fuldkommengøre processen.

Den ærlighed, vi udviser over for os selv, er også vigtig, når det kommer til vores helbred. Det indebærer at lytte til vores krop og forstå dens signaler og behov. Når vi er ærlige overfor os selv om vores sundhedstilstand og tager ansvar for vores velbefindende, kan vi træffe de nødvendige handlinger for at opnå og opretholde optimal sundhed, vi må altså lære at lytte. Det er værd at bemærke, at selvom vores krop har en naturlig evne til selvhelbredelse, kan det være gavnligt at søge professionel hjælp og rådgivning ved alvorlige helbredsproblemer. En sund attitude kombineret med ekspertise og behandling kan skabe en kraftfuld kombination, der understøtter vores helingsprocesser på bedste vis.

Samlet set er en dybere forståelse for vigtigheden af vores attitude og vores evne til selvhelbredelse afgørende for at opnå et liv fyldt med sundhed, skønhed, ærlighed og harmoni. Ved at værdsætte og udnytte vores krops naturlige helingskraft kan vi skabe et solidt fundament for vores trivsel og velbefindende.

Det er så vigtigt for mig, at du forstår, hvor afgørende vores indre tanker, følelser og handlinger er. Vi har evnen til at skabe vores egen virkelighed, for det hele starter med os selv, vi skal stole på os selv og have tillid til vores egen dømmekraft, det er alfa og omega i vores rejse mod et meningsfuldt liv med et sundere og bedre helbred.

Med den rette attitude kan vi opnå alt, men først må vi tilegne os den rette attitude, vi kan altså ikke blive på samme frekvens og forvente en ændring. Vi er ændringen, vi må selv arbejde hen imod vores ønske og skabe den attitude, der kan tiltrække vores mål/ønske. Vi tiltrækker ud fra den frekvens vi er på. Så ønsker du at opnå mere, må du flytte dig, tilegne dig mere viden, hente nødvendige oplysninger, du må blive til den person først, for at komme i mål som den person. Hvis du nu tænker, at det er umuligt at flytte sig, når du står i en uoverskuelig situation, så forstår jeg dig godt, men tro mig det er muligt.

Jeg har altid troet på, at kærligheden til os selv er fundamentet for al anden kærlighed i vores liv. Vi er vores eget spejl, og den måde, vi ser os selv på, påvirker alt omkring os. Når vi nærer vores sind og hjerter med kærlighed og accept, skaber vi en stærkere forbindelse til vores indre potentiale og en mere positiv og kærlig verden omkring os.

Vi er skabere af vores egne tanker. Vi kan vælge at dyrke positivitet, optimisme og taknemmelighed, eller vi kan vælge at dvæle ved negativitet og frygt. Uanset, hvor skidt vi måtte have det, har vi altid muligheden for at ændre vores perspektiv, og tage ansvar for vores tanker og handlinger. Vi har magten til at vende negative situationer til noget positivt og vælge at se muligheder i stedet for begrænsninger.

Vi er også forfattere til vores eget liv. Hvert valg og hver beslutning, vi tager, har en indvirkning på den rejse, vi er på. Vi kan vælge at tage ansvar for vores liv og tage handling for at skabe det, vi ønsker, eller vi kan blive fanget i en passiv tilstand og lade omstændighederne bestemme for os. Ved at tage ejerskab over vores liv og træffe bevidste valg, kan vi skabe vores egen skæbne og forme den fremtid, vi ønsker os. Husk at vælge et valg lige så meget som at fravælge.

# KAPITEL 7

# Taknemlighed

I taknemlighed at lære
at alle tanker der er mine
hvis blot jeg lader være
ingen energi, vil dem nære

hvis tanker er som frø
jeg sår den smukkeste have
gøde og lade dem nære
med kærlighedens frø

tankens kraft vil skabe
den vidunderligste have
ro og harmoni, en farvesymfoni
tanker du kan skabe

den vidunderligste have
er mulig at skabe
hvis vi blot formår
at gøde, med hjertes symfoni

i taknemlighed at lærer
jeg er skabelsens herre
med tankens kraft, jeg bære
alt hvad jeg skal lære

Det er vigtigt at forstå, at alt har to sider. Selv de mest udfordrende situationer og smertefulde oplevelser kan give os læring og vækstmuligheder. Vi kan vælge at se vores modgang som et springbræt til personlig udvikling og styrke. Hvordan vi reagerer på livets udfordringer og valg, er ekstremt vigtige. Ved at tage ansvar for vores reaktioner og vælge med visdom og medfølelse, kan vi vokse og blomstre, uanset hvad livet kaster efter os.

Så lad os huske, at vi er de kraftfulde skabere af vores eget liv. Vores indre tanker, følelser og handlinger har en dyb indvirkning på vores oplevelse af verden. Ved at stole på os selv, have tillid til vores evner og nærme os livet med kærlighed og bevidsthed, kan vi forme vores egen skæbne og skabe et meningsfuldt og opfyldende liv for os selv. Det er vores værd at tage dette ansvar og træffe valg, der fører os i retning af vores største potentiale.

I dag kan jeg med stolthed sige, at jeg har fundet min vej, det var en rejse, der krævede mod, men det var det hele værd – for den førte mig til en dybere forståelse af mig selv og af livet. jeg ville aldrig sidde at skrive i dette øjeblik, hvis jeg ikke havde været på denne rejse, denne bevidsthed er en gave der burde være alles rettigheder til at skabe et liv med ønsker og mål, min rejse har lært mig vigtigheden i at bruge vores tanker, tro, følelser, vedholdenhed og styrke og derfor deler jeg dette med dig.

Jeg forstår, forstår, at jeg har frie tanker. Jeg ved, at ikke alle vil forstå.

Jeg accepterer, accepterer mine egne valg og andres valg.

Jeg tilgiver, tilgiver alle, der har såret mig.

Jeg forstår, at når jeg lever i smidighed og ikke forventer, at andre forstår, så får de ikke adgang til at såre mig.

Jeg forstår at tage mit ansvar alvorligt.
Jeg ved, at bag hver udfordring gemmer sig en ny mulighed.
Jeg accepterer, hvad der var, slipper forventninger og gør
    plads til nuet.
Jeg tilgiver dem, der ikke forstår.
Jeg forstår, at nuet er noget jeg har skabt.
Jeg ved, at når jeg forstår, tilgiver og accepter, at jeg er fri.

Du sidder måske lige nu og tænker, «mine tanker er så ødelæggende og frustrerende, dem kan man ikke gøre noget ved«, eller »mine tanker er fantastiske, jeg har ikke noget at lære«.

Begge dele er meget fine, de er de samme tanker, blot fra hver sin side, men energien, du bruger på at tænke, er den samme.

Så grib chancen og følg godt med, jeg vil vise dig vej igennem dine tanker og lade dig selv handle på dem.
Tiden er inde til at tage fat og gøre en forskel for dig selv, jeg har gjort det med stor succes, og du kan gøre præcis det samme.

I dette øjeblik er vi inviteret til at bevæge os ind i en dybere forståelse af vores sande potentiale. Ved at dyrke positive tanker og en sund indre dialog skaber vi ikke kun en bedre flow i vores sind og ånd, men også i vores krop. Når vores tanker er fyldt med positiv energi og optimisme, sender vi en dyb besked til vores celler om sundhed og helhed.

Vores celler reagerer på denne positive energi ved at frigøre spændinger og ophobede affaldsstoffer, der kan forhindre et glidende flow i vores krop. Når vi bevidst arbejder på at opretholde et sundt mindset og en positiv indre tilstand, oplever vi en større lethed og vitalitet i vores fysiske krop, her skaber vi et sundt miljø til en sund og rask krop.

Vi er alle en del af et større energifelt, hvor alt er i konstant bevægelse. Vi er i harmoni med dette universelle flow, og når vores tanker og energi er positive og i balance, tillader vi os selv at være i fremdrift. Vi erkender, at vi er energi i en konstant tilstand af forandring og transformation, og derfor har vi muligheden for at ændre vores tilstand og vores helbred.

Det er vigtigt at forstå, at det positive flow i vores krop og sind ikke er tilfældighed. Det indebærer en dyb forbindelse til vores indre visdom og vores evne til at håndtere og frigøre eventuelle blokeringer eller stagnerende energi. Når vi er åbne og villige til at give slip på det, der ikke længere tjener os, skaber vi plads til nye og positive oplevelser og transformerer vores tilstand indefra og ud. Vores krop er dybt forankret i denne energiforståelse og har en naturlig evne til at finde balance og sundhed. Når vi vælger at arbejde i harmoni med vores indre energi og give slip på modstående kræfter, oplever vi en øget vitalitet og sundhed. Vi skaber en tilstand af positivt flow, hvor vores krop og sind fungerer i harmoni og trives.

Så lad os omfavne denne dybe sandhed – at vi er energi, og at alt omkring os er energi. Ved at vælge positive tanker, dyrke en sund krop og frigive ophobede affaldsstoffer og stagnation, kan vi ændre vores tilstand og opleve en dybt forvandlende rejse mod sundhed, balance og glæde. Det hele begynder med vores valg og vores bevidste indsats for at skabe et positivt flow i vores liv. Husk på at vi tiltrækker mere af det vi tænker og gør.

Vi inviteres til at favne stilheden og finde næring til vores sjæl. I vores travle og hektiske liv kan det være svært at finde tid til at fordybe os og lytte til vores indre stemme. Men når vi skaber rum til stilhed og refleksion, åbner vi os for indre visdom og indsigter, der kan berige vores liv.

Positive tanker flyder naturligt i dette stille rum. Når vi slipper af med støj og bekymringer og nærer vores sind med kærlige og opmuntrende tanker, begynder vi at opleve et bedre flow i vores liv. Vi opdager, at vores tanker påvirker vores handlinger, vores følelser og vores omverden. Ved at vælge positive tanker iscenesætter vi en kædereaktion af positiv energi omkring os. Når vores tanker er fyldt med positivitet, begynder vores krop og sind at stråle af glæde og sundhed. Vi er opmærksomme på, at vores krop er spejling af vores indre tilstand. Derfor er det så utrolig vigtigt, at vi nærer vores sind med sunde tanker.

At håndtere negative tanker og paradigmer kræver ofte en dybere forståelse af deres oprindelse og indflydelse i vores liv. Ofte er vores negative tanker og vaner blevet formet af tidligere oplevelser, opvækst og samfundsmæssige påvirkninger. De kan være blevet internaliseret som vores egne overbevisninger, uden at vi har været opmærksomme på det.

Vores tankeproces er kompleks, og vores tanker kan påvirkes af en bred vifte af faktorer. Sociale medier, nyheder og omgivelser kan også have en dyb indflydelse på, hvordan vi tænker og opfatter verden omkring os. Det er vigtigt at være opmærksom på, hvad vi udsætter os selv for, og hvordan det påvirker vores tanker og selvopfattelse.

For at tackle negative tanker er det vigtigt at erkende deres eksistens og acceptere, at de er en del af vores tankegang. Når vi bliver opmærksomme på dem, kan vi begynde at stille spørgsmålstegn ved deres sandhed og gyldighed. Ofte er de negative tanker ikke baseret på kendsgerninger, men snarere på frygt, tvivl eller gamle mønstre.

En vigtig del af denne proces er at finde kilden til vores negative tanker og paradigmer. Skyld og skam er ofte dybt forbundet med vores negative tankeprocesser. For at helbrede og frigøre os selv er det nødvendigt at finde ud af, hvad der ligger bag denne skyld og skam. Dette kan kræve indre udforskning og muligvis støtte fra terapeuter eller livscoaches. En transformation af vores tankeproces er ikke en let opgave, men det er muligt. Det kræver vedholdenhed, tålmodighed og en vilje til at udfordre vores egne overbevisninger og mønstre. At indføre nye positive tanker kræver en aktiv og bevidst praksis med daglige affirmationer, visualiseringer og opmærksomhedstræning.

For at skabe og opretholde positive tanker og paradigmer er det også vigtigt at skabe et lærende miljø omkring os. Dette kan indebære at omgive os med mennesker, der støtter vores vækst og positivitet, og undgå ugunstige omgivelser eller negative påvirkninger. Hvert lille positivt skridt i vores livs rejse bidrager til transformationen af vores tankeproces.

Husk, at forandring tager tid og tålmodighed. Det handler ikke kun om at erstatte negative tanker med positive, men om at træne vores sind til at være mere bevidst om vores tankeproces og vælge positive tanker bevidst. Ved at tage dette dybe indre arbejde kan vi begynde at bryde fri af de begrænsninger, som negative tanker og paradigmer har pålagt os og skabe et mere positivt, autentisk og berigende liv.

Du er nu blevet klar over, hvor vigtige vores tanker er, derfor rejser spørgsmålet sig:

Hvordan kan vi påvirke dem?

Vi er omgivet af muligheder, ingen begrænsninger, men det er vores tanker, der danner grundlaget for vores handlinger og skaber vores virkelighed.

Det begynder med at lytte til vores indre stemme, at stole på vores intuition. Mange gange blokerer vi for vores egen visdom ved at ignorere vores indre vejledning, men når vi lærer at lytte og handle på den, åbnes dørene for nye oplevelser og muligheder.

En måde at påvirke vores tanker på er gennem affirmationer – positive udsagn, der gentages for at forstærke bestemte tanker og overbevisninger. Vi kan forme vores sind ved bevidst at vælge at tro på det bedste i os selv og i verden omkring os.

Men hvad fortæller vores tanker egentlig? Hvad er deres motiv? Har vi virkelig brug for dem, eller er de blot en kilde til unødvendige bekymringer og negativitet? Hvem har placeret tankerne i vores sind?

Tankerne kan både være vores bedste ven og værste fjende, så vi må nøje undersøge deres oprindelse og den rolle, de spiller i vores liv.

Det er vigtigt at forstå, at vores tanker ikke blot kommer ud af ingenting. De er formet af vores tidligere erfaringer, vores opvækst, vores sociale miljø og de overbevisninger, vi har påtaget os. Men vi behøver ikke at forblive i deres greb – vi har magten til at ændre dem, ændre deres kraft og betydningsfuldhed.

Vi er nødt til at kende de negative tankers oprindelse, for at udfordre dem og erstatte dem med mere positive og opbyggende tanker. Vi kan skabe plads til nye, mere konstruktive tanker ved at undersøge vores eksisterende overbevisninger og spørge os selv, om de virkelig tjener os.

## Den første frost

Morgensol over frost og kim
det er fra naturen et kærligt kim
den ligger sig så smuk og blank
knirker under vores fødder der går i takt

efterårets smukke gyldne farver
naturens allersmukkeste pagt
den ved når tiden er inde
dette er naturens magt

trækker som fugle i flok
samles og flyver bort
egernet samler lager
de forstår blot at være

et princip som gentager
sig år efter år
den dag vi blot forstår
at følge naturens magt

vil det at være
ren kærlighed nære
tillad dig at være
i ren kærlighed kære

I denne søgen efter forståelse og forandring må vi være tålmodige med os selv. Det er en rejse, der kræver tid og bevidsthed. Men når vi begynder at forstå og påvirke vores tanker, åbnes en verden af muligheder og transformation. Vi bliver vores egen skaber af virkelighed og befrier os fra de mentale bånd, der har holdt os tilbage.

Grib udfordringen og begynd at udforske, hvordan du kan påvirke dine tanker. Lyt til din intuition, bruge affirmationer og bevæge dig væk fra de negative mønstre, stil spørgsmål til dine tanker og find ud af, hvad der virkelig tjener dig. På den måde kan vi bane vejen for vækst, udvikling og et liv fyldt med positive og meningsfulde tanker.

Den højeste evne, vi er i besiddelse af, er at tænke, så lad os ikke begrænse, af mennesker, der ikke tænker.

2% af befolkningen tænker, 3% tror de tænker og 95% tænker slet ikke, de følger blot strømmen og gør som de altid har gjort. »Vi har omkring 70.000 tanker om dagen«. Nogle af disse tanker er bevidste, mens andre er ubevidste. Men uanset om de er bevidste eller ubevidste, er det vigtigt at huske, at vi selv har valget til at påvirke vores tanker og dermed vores oplevelse af virkeligheden. Vores tanker har en stærk magt over vores følelser, vores handlinger og det energiniveau (Attitude), som vi sender ud i verden. Hvis vi lader os oversvømme af negative tanker, vil vi tiltrække mere negativitet og en lavere energi frekvens. Men hvis vi bevidst vælger at tænke positive og kærlige tanker, vil vi tiltrække mere positivitet og opleve en højere frekvens.

Det er vigtigt at huske, at vores tanker skaber vores virkelighed. Hvis vi fortsætter med at tænke negativt, vil vi forblive fanget i en negativ spiral. Men hvis vi ændrer vores tankegang og begynder at tænke i termer af kærlighed, positivitet, glæde, sundhed og helbred, vil vi begynde at opleve en ændring i vores omgivelser og vores liv.

Ved at være bevidste om vores tanker og aktivt vælge at tænke positivt, sender vi en højere energifrekvens ud i universet. Vi tiltrækker dermed også mere positivitet, glæde og sundhed ind i vores liv. Vores tanker er som frø, der bliver plantet i vores bevidsthed. Hvis vi nærer dem med positivitet og kærlighed, vil de vokse og blomstre og skabe en smuk og harmonisk virkelighed omkring os.

Så lad os huske på magten af vores tanker. Lad os være bevidste om vores tanke valg og aktivt vælge at tænke i retning af kærlighed, positivitet, glæde, sundhed og helbred. Lad os nære vores tanker, som vi nærer vores krop og sind. »På den måde kan vi skabe en virkelighed fyldt med lykke, sundhed og fuldførelse.«

Når vi er i ubundethed i vores tanker, betyder det, at vi ikke er begrænset eller låst fast i tankemønstre eller kontrolbehov. Vi er i stand til at give slip på kontrol og tillade os selv at være åbne og modtagelige over for vores oplevelser og den proces, vi befinder os i.

I denne tilstand af ubundethed tillader vi os selv at stole på og have tro på den naturlige udvikling og flow, som vores liv og proces tager. Vi frigiver behovet for at forsøge at kontrollere, eller diktere resultatet af vores handlinger og tillader i stedet tingene at udfolde sig organisk. Når vi har tillid og tro på vores proces, åbner vi os for nye muligheder og lader os guide vores indre visdom. Vi slipper frygten for at fejle eller miste kontrol og tillader os selv at vokse og lære gennem vores erfaringer.

Ubundethed i vores tanker og tillid til vores proces kan give os en følelse af lethed og frihed. Vi kan opleve større kreativitet, klarhed og tilfredshed, da vi ikke længere er fanget af begrænsninger eller bekymringer. Så når vi er i denne tilstand, er det vigtigt at øve os på at give slip på kontrol og tillade os selv at være åbne og tillidsfulde over for den proces, vi står i. På den måde kan vi skabe plads til vækst, udvikling og positive forandringer i vores liv.

Når vi giver slip på kontrol, der er bundet til frygt, åbner vi os for at tiltrække positive tanker og situationer i vores liv. Når vi fokuserer på de positive aspekter af vores tilværelse og har tillid til processen, sender vi signaler til vores sind og krop om at være åbne for lykke og succes.

Når vi oplever positive situationer, frigiver vores krop naturlige hormoner som dopamin, serotonin og endorfiner, der er forbundet med glæde, velvære og lykke. Disse hormoner sender positive signaler til vores krop og sind, hvilket forstærker vores følelse af velvære og trivsel.

Vores tanker og følelser har også indflydelse på vores krop på cellulært niveau. Vores celler reagerer på vores tanker og følelser ved at frigive kemiske signaler og påvirke deres funktion. Når vi har positive tanker og følelser, sender vi »ordrer« til vores celler om at arbejde i retning af sundhed, helbredelse og trivsel. Det er vigtigt at bemærke, at vores tanker og følelser ikke er den eneste faktor, der påvirker vores liv og resultater. Der er også andre faktorer som handling, omstændigheder og samspillet med andre mennesker. Men vores tanker og følelser spiller en afgørende rolle i vores evne til at tiltrække positive situationer og skabe positiv forandring.

Så når vi bevidst vælger at give slip på frygtbaseret kontrol og vælger positive tanker og følelser, kan vi bidrage til at skabe et positivt miljø både i vores krop og i vores omgivelser. Vores celler er, som »små soldater«, adlyder de positive »ordrer« og arbejder i retning af vores velvære og trivsel.

Gode redskaber til at have kontrol på følelser og tanker er, at huske på at tanker er blot, tanker er ingen ting, hvis de ikke får energi, så det drejer sig her meget om fokus; at have fokus på det du ønsker at se som resultater. Vi har alle muligheder for at overskrive negative tanker til positive tanker.

En ting er med sikkerhed, at det du tænker bliver du, så tænk det du ønsker, uanset din nuværende situation, dette er blot et resultat af tidligere handlinger eller mangel på samme.

Skriv dine tanker ned og undersøg dem, måske er det slet ikke dine, så må du skille dig af med dem.

De tanker du vælger at arbejde med bør du skrive ned, så du kan forstå dem og analysere dem for at overskrive dem.


*1. Mindfulness og meditation:* Øv dig på at være nærværende og fokusere på nuet gennem mindfulness og meditation. Dette hjælper dig med at observere dine tanker og følelser uden at blive fanget i dem.

*2. Positiv bekræftelse:* Gentag positive tanker og bekræftelser dagligt. Dette hjælper med at ændre dine negative tanker og styrke din tro på, at du har kontrol over dine tanker og kan skabe det, du ønsker.

*3. Identificer og udfordrer begrænsende tanker:* Bliv opmærksom på de tanker, der begrænser dig, og udfordre dem ved at stille spørgsmål som »Er denne tanke sand?« eller »Hvordan kan jeg ændre denne tanke til noget mere positivt?«

*4. Journalisering:* Skriv ned dine tanker og følelser løbende. Dette giver dig mulighed for at reflektere over dem og identificere mønstre. Du kan også bruge journaler som et værktøj til at omstrukturere dine tanker og skrive positive alternative tanker.

*5. Fokus og visualisering:* Fokuserer på det, du ønsker at opnå, og brug visualisering til at se det i dit sind som en realitet. Dette hjælper med at omprogrammere dit sind og styrke din tro på at du kan opnå det.

# KAPITEL 8

# Underbevidsthed og bevidsthed

Hvis vi forestiller os vores hjerne delt op i to halvkugler, den nederste halvkugle er vores underbevidsthed

Vores underbevidsthed er et komplekst og fascinerende aspekt af vores menneskelige psyke. Det fungerer som en slags ubeskrivelig jukebox, der lagrer og afspiller en uendelig strøm af information og oplevelser, som vi samler gennem livet. Det er her, vores dybeste overbevisninger og holdninger tager form. Selvom vi muligvis ikke er opmærksomme på det, påvirker vores underbevidsthed vores adfærd, tanker og følelser på både positive og negative måder.

Et interessant aspekt ved vores underbevidsthed er dets evne til at absorbere og acceptere både positive og negative meninger og udsagn uden filter. Fra barndommen optrænes vi til at være modtagelige over for vores forældres opdragelse, lærernes undervisning og den generelle feedback, vi får fra vores omgivelser. Dette sker, fordi i vores tidlige udviklingsfase er vi som svampe, der suger alt ind – både det positive og det negative – uden at adskille, hvad der er vores eget og hvad der er indflydelsen fra andre.

En vigtig faktor i vores underbevidsthed er, at den ikke kun opsamler de åbenlyse indflydelser fra vores nærmeste omgivelser, men også alt det, vi ubevidst opfatter fra vores omgivelser. Dette inkluderer påvirkninger fra medier som aviser, tv, sociale medier og meget mere. Vi opsamler både positive og negative informationer fra vores omgivelser, selv når vi tror, at vi ignorerede dem eller ikke var bevidste om dem. Det er som om vores underbevidsthed har sin egen radar, der er i stand til at opfange alt omkring os, uanset om det er positivt eller negativt.

Resultatet er, at meget af vores tankemønstre, adfærd og selvopfattelse er bygget på positive og negative aspekter af andre menneskers meninger og udsagn, som vi ikke engang er bevidste om. Vi går gennem livet og træffer beslutninger baseret på programmeringer, der er skabt af vores underbevidsthed og dens nøjagtighed ved at indsamle information – både den positive og den negative. Det er som at have en stemme i hovedet, der taler til os, men vi ved ikke altid, hvem der står bag den.

For at skabe en dybere forståelse af vores underbevidsthed og det, der styrer os, er det vigtigt at være opmærksom på både de positive og de negative tanker, adfærd og reaktioner. Vi kan begynde at udforske, hvorfor vi tænker og handler, som vi gør, og, vigtigst af alt, hvad der ligger bag vores handlinger – både det positive og det negative.

Vores underbevidsthed er kraftfuld, den tager alt ind, inklusive andres meninger og udsagn. Hvad der er interessant er, at hvad vi lærer, ikke nødvendigvis er sandt. Vi lærer fra andre mennesker, der har hørt eller læst noget, og vi tager ofte alt for sandt, meget af det vi lære er ren illusion... TÆNKEPAUSE ...

Vores forældre, selvom de gjorde deres bedste, vidste ikke alt; de handlede ud fra det, de vidste fra det, de har lært. Dette betyder, at vores bagage også kan være fyldt med angst og frygt, som ofte gentager sig.

Så hvor kommer denne angst og frygt fra? Det er her, vores underbevidsthed træder i karakter. Den opsamler alt, hvad den får besked på, uden at tænke over det. Den afspejler bare det, den modtager fra vores omgivelser, både det positive og det negative. Vores underbevidsthed fungerer som en autopilot, der handler på de programmeringer, den modtager.

Dette kan være en vigtig erkendelse, da det indikerer, at meget af vores angst og frygt ikke nødvendigvis er vores egne. Vi kan have internaliseret disse følelser fra andre, uden selv at vide det. Vores underbevidsthed har taget det op og handler om det, selvom vi ikke bevidst har valgt det. Dette er en vigtig påmindelse om at være mere bevidst om vores tanker, handlinger og reaktioner, så vi kan skelne mellem vores egne overbevisninger og de, der er blevet pålagt os.

Med denne erkendelse kan vi begynde at udforske vores underbevidsthed og identificere, hvilke af vores tanker og handlinger, der er baseret på andres meninger og udsagn, og hvilke der kommer fra vores egen kerne. Ved at øve selvrefleksion, meditations og bevidsthedsøvelser kan vi begynde at revidere vores underbevidsthedsprogrammer og frigøre os fra de begrænsninger, der er blevet pålagt os af andre.

Husk, at vores underbevidsthed er stærk, men vi har magten til at påvirke den. Når vi bliver mere opmærksomme, kan vi begynde at træffe bevidste valg og frigøre os fra negative mønstre, der har tydeliggjort vores liv. Det er en proces, der kræver tid og indsats, men ved at forstå vores underbevidsthed og arbejde med den, kan vi skabe et mere autentisk og meningsfuldt liv baseret på vores egne overbevisninger og værdier.

Ved at blive mere bevidste om vores ubevidste programmeringer kan vi arbejde hen imod at frigøre os fra begrænsninger og skabe et mere autentisk og meningsfuldt liv – både på det positive og det negative plan.

Gennem selvrefleksion, meditation og bevidsthedsøvelser kan vi begynde at balancere og revidere netop dette. Ved at anerkende og udfordre både vores automatiske positive og negative tanker og overbevisninger kan vi begynde at tage ansvar for vores tankeprocesser og træffe bevidste beslutninger, der er i overensstemmelse med vores sande selv – både på det positive og det negative plan.

Det er en rejse at forstå og arbejde med vores underbevidsthed, men det er en rejse, der kan føre os til større selvforståelse, personlig udvikling og frihed fra både positive og negative begrænsninger, vi ikke engang vidste, at vi havde.

Husk altid, at vi som individer har evnen til at forme vores egen virkelighed og bevæge os væk fra både positiv og negativ indflydelse fra andre, når vi bliver bevidste og tager aktivt del i vores egen bevidsthedsudvikling.

Vores underbevidste sind er utroligt påvirkeligt, og vi kan aktivt arbejde på at ændre det når først vi forstår.

Der er mange måder, vi kan påvirke vores underbevidsthed.

Her er nogle eksempler:

*Gåture i naturen:* At tilbringe tid i naturen kan have en beroligende effekt på sindet, og hjælper os med at slippe af med støj og distraktioner. Gennem ro og stilhed kan vi forbinde os med vores indre og skabe plads til at udforske vores underbevidsthed uden ydre påvirkninger.

*– Ingen fjernsyn eller minimal eksponering for medier:* Afbrydelsen af konstante informationer fra fjernsyn og sociale medier kan være gavnlig. Ved at reducere indflydelsen fra ydre stimulation kan vi skabe et mere fredeligt miljø, hvor vores underbevidsthed kan bearbejde og integrere ændringer i vores tankeprocesser.

*– Stilhed og meditation:* At praktisere stilhed og meditation giver os mulighed for at berolige sindet og holde fokus. Dette skaber plads til introspektion og refleksion, hvor vi kan opdage og udfordre gamle overbevisninger, der ikke længere tjener os. Ved at skabe stilhed i vores sind kan vi begynde at gen programmere vores underbevidsthed i en mere positiv og støttende retning.

*Forståelse af oprindelsen af gamle overbevisninger:* Når vi dykker dybt ned i vores underbevidsthed, kan vi begynde at forstå, hvor vores gamle overbevisninger kommer fra. Dette kan inkludere at se på vores barndom, tidligere erfaringer og samspil med andre mennesker. Ved at identificere og forstå disse oprindelser, kan vi begynde at løsne grebet om gamle overbevisninger, og skabe plads til en mere positiv tankegang.

Når vi identificerer gamle overbevisninger og negative mønstre, er det vigtigt at handle på dem og rydde op. Dette kan indebære at tage konkrete skridt for at ændre vores tankegang og opførsel. Ved at tage ansvar og aktivt ændre vores underbevidste programmer kan vi skabe en dybere forandring i vores liv og tage kontrol over vores egen mentale tilstand.

Husk, at ændringer i vores underbevidsthed kræver tid og tålmodighed. Det er en kontinuerlig proces med at lære, udforske og udvikle os selv. Ved at være bevidst om vores underbevidstheds påvirkning, og ved at tage de nødvendige skridt til at ændre den, kan vi skabe en mere bevidst og tilfredsstillende oplevelse af vores liv.

Vores underbevidste sind er en kraftfuld og ofte overset del af vores bevidsthed. Det er her, vores dybeste overbevisninger, holdninger og erindringer ligger gemt. Disse elementer kan have en afgørende betydning for vores tanker, handlinger og resultater.

### DET ER IKKE DEN DU TROR DU ER –
### DET ER DEN DU TROR DU IKKE ER
### DER HOLDER DIG TILBAGE

Vores grundlæggende natur er ubegrænsede muligheder. Som mennesker har vi potentialet til at opnå og skabe næsten alt, hvad vi ønsker. Vores sind og bevidsthed er i stand til at tænke i nye baner, være kreative og finde løsninger på enhver udfordring.

Når vi anerkender vores ubegrænsede potentiale og tror på vores evne til at forfølge vores drømme og mål, åbner vi os for et væld af muligheder. Vi bliver mere modige og villige til at gribe muligheder, eksperimentere og vokse.

Det er vigtigt at erkende, at vores muligheder og potentiale ikke er fastlåst eller begrænset af vores fortid, vores nuværende omstændigheder, eller andres forventninger. Vi har friheden til at skabe vores egen vej og forme vores egen virkelighed.

Når vi omfavner vores ubegrænsede muligheder, kan vi opnå stor personlig vækst, opnåelse af mål og opfyldelse. Vi har alle tilgang til de ubegrænsede muligheder, det er så vigtigt at forstå, vi behøver ikke at opfinde den dybe tallerken, for den er allerede opfundet, der er allerede en opskrift på hvordan.

De ubegrænsede muligheder finder vi, når vi er i meditation eller i naturen, her skabes en ro og energi. Meditation og kontakt med naturen kan være kraftfulde værktøjer til at opdage og forbinde os med vores ubegrænsede potentiale.

Meditation giver os mulighed for at stille sindet, og observere vores tanker og følelser uden at blive fanget af dem. Det åbner op for en dybere forbindelse med vores indre væsen og åbner vores sind for nye perspektiver og muligheder. Gennem meditation kan vi skabe en klarhed og bevidsthed om vores dybeste ønsker og intentioner og opnå en følelse af ubegrænset mulighed.

Naturen er også en kilde til inspiration og forbindelse med vores grundlæggende natur. Når vi bruger tid i naturen, kan vi opleve en følelse af ro, undren og fornyet energi. Naturen minder os om, at vi er en del af noget større end os selv, og hjælper os med at genoprette forbindelsen til vores indre kerne. Dette kan styrke vores følelse af ubegrænsede muligheder og åbne os for nye perspektiver og ideer.

Ved at skabe tid og rum til meditation, og til at være i kontakt med naturen, giver vi os selv mulighed for at genopdage vores ubegrænsede potentiale og indse, at vi har evnen til at skabe og manifestere det, vi ønsker i vores liv. Det er i disse øjeblikke, at vi kan opdage nye veje, overvinde begrænsninger og træde ind i et liv fyldt med ubegrænsede muligheder. Naturen forbinder os, og hjælper os med at frigive negative følelser og tanker.

Jeg elsker at være i naturen, at føle mig forbundet til den fantastiske energi, mærke den frihed der er og samtidig være så taknemlig for den.

Men vi kan tage aktiv kontrol over vores underbevidste sind, hvis vi er opmærksomme på det og engagerer os i bevidste handlinger. Vi har evnen til at påvirke, overskrive og omprogrammere gamle overbevisninger, der ikke længere tjener os.

En af de mest effektive måder at påvirke vores underbevidsthed er gennem gentagelse af positive affirmationer. Ved at gentage positive udsagn som

»Jeg er værdifuld«, »Jeg er stærk« eller »Jeg fortjener succes«, kan vi ændre vores indre dialog og erstatte negative tankemønstre med positive og støttende overbevisninger.

Det er også vigtigt at være bevidst om, hvor vores gamle overbevisninger kommer fra. Mange af vores holdninger og overbevisninger er grundlagt i barndommen og tidlige erfaringer. Ved at tage tid til at forstå oprindelsen af vores overbevisninger kan vi begynde at frigøre os fra deres greb og åbne os op for nye muligheder.

Det er så vigtigt at huske på, at vi ikke er vores overbevisninger. Mange af os ved slet ikke, hvem vi er uden alle dem.

Vi kan også påvirke vores underbevidsthed ved at være mere opmærksomme på vores sprogvalg. Hvordan vi taler til os selv og andre, har en direkte indflydelse på vores underbevidsthed. Ved at vælge et positivt og støttende sprog kan vi begynde at omprogrammere vores underbevidste sind og skabe en ny indre dialog, der fremmer vores trivsel og vækst.

Rydning og handling er også afgørende. Vi kan ikke blot ændre vores underbevidsthed ved at gentage positive affirmationer og ændre vores sprog. Vi skal også handle i overensstemmelse med vores nye overbevisninger. Ved at træffe positive og bevidste valg kan vi vise vores underbevidsthed, at vi er seriøse omkring vores ønsker og mål. Handling skaber en resonerende effekt, der styrker vores underbevidstheds overbevisninger og bringer os tættere på vores ønskede resultater.

Vi kan ikke fortælle os selv, at vi vil løbe et maraton og samtidig ikke tage aktion, så lyver vi ganske enkelt for os selv.

Vi kan heller ikke sige, at vi ønsker os en sund krop, og samtidig spise usundt og drikke alkohol.

Vi kan ikke sige, at vi vil være en dygtig håndboldspiller, og samtidig træne på et lavt stillet hold.

Vi må forstå, at vores underbevidsthed tager os på ordet, start med at arbejde sammen med din underbevidsthed, og herigennem vil du se en tydelig ændring på hele din livsvej.

Mens vi arbejder på at påvirke vores underbevidste sind, er det også vigtigt at være tålmodig og forstå, at ændringer tager tid. Vores underbevidsthed er blevet præget af år af programmering, og det kan tage tid at overskrive gamle mønstre og etablere nye overbevisninger. Det er en proces, der kræver vedholdenhed og selvtillid, men belønningerne er enorme: Et liv fyldt med styrke, glæde og personlig succes. Vores underbevidste sind er en kraftfuld ressource, som vi kan bruge til at skabe positive ændringer i vores liv. Ved at være opmærksomme på vores tanker, ord og handlinger kan vi påvirke vores underbevidsthed og skabe en ny virkelighed, der er mere i overensstemmelse med vores ønsker og drømme. Lad os tage ansvar for vores underbevidsthed og bevæge os aktivt i retning af det liv, vi ønsker at leve.

Vores rejse mod forandring kræver, at vi flytter os fra det kendte og accepterer, at vi må give slip på det gamle. Det indebærer at danne nyt, tænke nyt og være åbne overfor det ukendte. For at kunne bruge vores egne ressourcer og skabe det liv, vi ønsker, er vi nødt til at bevæge os fra vores nuværende tilstand, og flytte os mod en højere frekvens.

At flytte vores frekvens handler om at ændre vores energi og vibrationer. Vores tankemønstre, følelser og handlinger påvirker vores vibrationer, der igen påvirker vores oplevelser og resultater. Hvis vi ønsker at tiltrække positive og transformative oplevelser, er vi nødt til at hæve vores frekvens og vibrere på et højere niveau, der svarer til det vi vil flytte os til. Dog er det vigtigt at være klar over, at dette skift kan have en pris. I vores stræben efter forandring skal vi være villige til at give slip på det gamle og løsrive os fra vaner og relationer, der ikke længere tjener os. Det kan være smertefuldt at bryde ud af vores komfortzone og udforske det ukendte. Men husk på, på den anden side venter alle mulighederne. Vi skal også være villige til at udfordre vores eksisterende identitet og overkomme de frygt og begrænsende overbevisninger, der holder os tilbage.

Men hvis vi er villige til at betale prisen og være åbne for det nye, vil vi opleve en dyb transformation. Vi vil opdage vores sande potentiale og begynde at bruge vores egne ressourcer til at skabe et liv fyldt med meningsfuldhed og autentisk selverkendelse. Denne rejse kan være udfordrende, men den dybde af tilfredsstillelse og vækst, vi oplever på vejen, gør det hele værd.

Så lad os være modige og flytte os, acceptere og give slip på det gamle. Lad os omfavne det ukendte og være åbne for nye muligheder. Lad os huske på, at vores tryghed og vaner blot er et udtryk for stagnation. Lad os danne nyt og tænke nyt, så vi kan forvandle os til at blive den bedste version af os selv. Ved at flytte vores frekvens og omfavne forandringsrejsen vil vi opdage et liv fyldt med indre styrke, personlig udvikling og en dyb følelse af formål. Når du beslutter dig for, at denne rejse vil blive din, vil jeg her beskrive nogle gode teknikker, der har hjulpet mig.

Husk, uanset hvad du tænker, er det den samme energi, så tænk positivt, glæde, sundhed og kærlighed.

»Selvbillede« er den dybe, indre opfattelse og forestilling, som vi har om os selv – en kompleks blanding af vores tanker, følelser og oplevelser. Det er en konstant strøm af spørgsmål, der kredser omkring os: Hvor vil du hen? Hvad ønsker du at opnå i dette liv? Hvem vil du være – slet ikke i andres øjne, men kun i dit eget?

Når vi dykker ned i selvbilledet, opdager vi, at vi er meget mere end blot en fysisk krop. Vi er et komplekst væsen med en sjæl og et formål. Vi formes ikke kun af vores handlinger, men også af vores interaktioner med andre. Vi bliver defineret af, hvem vi taler med, hvem vi beskæftiger os med, og hvem vi vælger at bringe ind i vores liv.

Det er vigtigt at tænke over, hvilket arbejde vi har og hvilke værdier, der er vigtige for os. Hvordan passer vores arbejde og værdier sammen med vores ønsker og drømme? Hvordan ønsker vi at føle os? Hvad vil vi gerne have, at vores omgivelser og vores indre dialog skal bestå af?

For at forvandle vores selvbillede skal vi først bevæge os indad og reflektere over vores inderste ønsker og drømme. Vi skal lytte til vores indre stemme og mærke vores dybeste følelser. Hvad er det, vi virkelig ønsker at beskæftige os med? Hvad ønsker vi at føle? Hvilke ord vil vi bruge, når vi taler om os selv og vores visioner? Når vi dykker dybere i vores selvbillede, indser vi, at det ikke kun handler om os selv. Det handler om vores forhold til andre, om vores evne til at skabe meningsfulde forbindelser og finde fællesskab. Hvem vil vi være sammen med? Hvem deler vores værdier og støtter vores vækst og udvikling? Vi ved, at vi er et udsnit af de tætteste 5 personer vi omgås med. Her er det utrolig vigtigt at være ærlig overfor sig selv. Hvis vi vil flytte os fra A til B, må vi altså handle på det, vi kan ikke blot sidde og ønske, og ikke handle på det, så skaber vi uoverensstemmelse i vores indre. Indre konflikter kan ofte skyldes gamle vaner og paradigmer, som ikke længere tjener os godt. Disse vaner er dybt forankret i vores sind og kan kræve bevidst indsats for at ændre dem.

At være ærlig over for os selv betyder at erkende og udfordre vores gamle vaner og tankemønstre. Det handler om at være villige til at se på vores egne handlinger og reaktioner med et åbent sind, og være modige nok til at træde ud af vores komfortzone.

Når vi er i stand til at bryde med vores gamle paradigmer og vaner, kan vi åbne os for nye perspektiver og muligheder. Vi kan udvikle et mere åbent og fleksibelt sind, der accepterer og omfavner forandring og vækst.

Beslutninger spiller en central rolle i at bryde med gamle vaner og paradigmer. Når vi bevidst træffer beslutninger, der er i overensstemmelse med vores ønsker og værdier, kan vi gradvist skabe et nyt sæt af paradigmer, der er hensigtsmæssige og støttende for vores personlige udvikling. At ændre vores vaner og paradigmer kræver bevidsthed. Det er en proces, der kræver vedholdenhed og viljestyrke. Men når vi står fast og forbliver tro mod vores nye måde at være og tænke på, kan vi gradvist transformere vores selvbillede og skabe en mere positiv og autentisk version af os selv.

Når vi bevidst udvælger, hvad der er vigtigt for os, og handler i overensstemmelse hermed, begynder vores selvbillede gradvist at ændre sig. Vi slukker for stemmerne, der ikke tjener os, og lytter til vores hjerte og sjæl. Vi udvikler nye mønstre og vaner, der skaber den verden, vi ønsker at leve i.

Det er en magisk proces, hvor vores virkelighed begynder at træde i tråd med vores dybeste ønsker. Vi ændrer vores selvbillede, og det vender os imod en indre frihed og autenticitet. Vi går imod vores sandeste selv og trækker det bedste frem i os. »Det er en rejse, der er værd at foretage, og det er kraften i vores indre transformation, der vil føre os derhen«. Selvbilledet er en refleksion af vores indre væsen – den del af os, der ikke kan ses med det blotte øje, men kun mærkes og opleves dybt inde i vores sjæl. Det er en forbindelse til vores sandeste selv, vores inderste kerne, hvor vores højeste sandhed og autenticitet findes.

Når vi begynder at udforske vores indre, åbner vi døren til en verden af refleksion, forståelse og vækst. Vi stiller os selv spørgsmål som: Hvad er essensen af vores eksistens? Hvad motiverer og inspirerer os på et dybere niveau? Hvad er vores formål her i livet?

Gennem denne indre rejse træder vi ind i en verden af selvopdagelse, hvor vi langsomt begynder at afklare, hvem vi virkelig er. Vi stiller os selv spørgsmål som: Hvilke følelser er vigtige for mig? Hvad er mine indre værdier, der danner grundlaget for mine handlinger? Hvilke ord beskriver bedst min indre sandhed og mine drømme?

Gennem selvrefleksion kan vi begynde at definere, hvem vi dybest set ønsker at være. Men det er ikke nok bare at tænke på det – vi skal også handle i overensstemmelse hermed. Vi skal have modet til at bryde med gamle mønstre og vaner, der ikke længere tjener os, og være åbne for nye muligheder og erfaringer. Når vi dykker ind i vores indre rige, opdager vi, at vores selvbillede er mere end blot en overfladisk konstruktion. Det er en levende og dynamisk proces, hvor vi arbejder på at forstå og integrere alle vores aspekter – både de positive og de udfordrende. Vi accepterer vores skyggesider og omfavner vores lys.

Gennem denne indre opdagelsesrejse begynder vi at opbygge et ægte og autentisk selvbillede. Vi lader vores indre værdier og følelser guide os i vores valg og handlinger. Vi taler med en ærlig og autentisk stemme og dyrker relationer, der støtter vores vækst og udvikling.

Når vi giver os selv tid og rum til at udforske vores indre verden, kan vi opdage, hvad der virkelig er vigtigt for os. Vi lader vores indre kompas vise os vejen og følger vores sande ønsker og drømme. Vi accepterer, at vi er evigt i udvikling, og at vores selvbillede kan ændre sig i takt med vores indre rejse. Det er i det dybe indre, at vi finder styrken, modet og visdommen til at være vores autentiske selv. Det er her, vi kan skabe et selvbillede, der er i harmoni med vores inderste kerne og vores sandeste formål. »Og det er gennem denne indre forbindelse, at vi virkelig kan leve ud fra vores fulde potentiale«. Jeg vil beskrive for dig hvordan jeg gjorde, jeg håber det vil give dig inspiration og energi til at skabe dit.

At ændre dit selvbillede fra et, du ikke er stolt af, til en version af dig selv, der er sund og tilfredsstillende, er en dyb proces, der kræver dedikation og bevidsthed. Når du erkender, at du ikke er, hvor du ønsker at være, og du ønsker mere for dig selv, kan du begynde at skabe forandring ved at overvælte dit gamle selvbillede og skrive et nyt kapitel.

Sæt dig ned og skriv ned, hvad du ønsker at ændre – vær specifik og ærlig. Du ønsker at blive rask, du ønsker at forvandle din tænkning og være sund på alle niveauer, mærk og føl hvor vigtige dine valgte ord er for dig, for det er følelsen, der viser dig vej, så tag dig tid til at skrive det, så du virkelig kan mærke vigtigheden. Tag det stykke papir, hvor du har nedskrevet dit nye selvbillede, og læs det højt hver eneste dag. Lad ordene flyde ind i dit sind og skabe et fundament for ændring.

Glem ikke, at denne proces ikke er hurtig eller let. Det kræver tid og tålmodighed. Hver dag, skriv 10 sætninger, der beskriver dit mål. Gentag dem igen og igen for at forstærke din hensigt og overbevisning om at opnå det. Det er vigtigt at forstå, at dit gamle selvbillede ikke blot forsvinder. Det er blevet en del af, hvem du er, og det vil kræve bevidst anstrengelse at omskrive det. Forvent indre konflikter og modstand på vejen, men vær villig til at se igennem det og arbejde igennem det.

Husk, at du er lederen af dit eget liv. Du har magten til at skabe den version du ønsker at være, lad begrænsninger være begrænsninger, de er blot for at forvirre dig, du kan hvad du ønsker-brændende ønsker.

1. *Reflekter over din nuværende situation:* Tag dig tid til at reflektere over de resultater, du ikke er stolt af, og de udfordringer, du står over for. Anerkend, at du er et sted, hvor du ikke ønsker at være, og anerkende, hvad du ønsker at opnå.

2. *Definér dit nye selvbillede:* Sæt dig ned og vælg specifikke attributter, værdier og egenskaber, som du ønsker at inkorporere i dit

nye selvbillede. Skriv dem ned og skab en klar vision for, hvem du ønsker at være.

*3. Sæt et klart og realistisk mål:* Tag din nye vision og beskriv den til et konkret og kort mål. Dit mål skal være realistisk, men samtidig udfordrende nok til at motivere dig til handling (tænk stort, tænk ud over grænserne).

*4. Gentag og bekræft dit nye selvbillede dagligt:* Skriv dit nye selvbillede og dit mål på et stykke papir og bær det med dig hver dag. Læs det højt for dig selv hver dag for at forstærke det i dit sind og bekræfte din dedikation til forandring.

*5. Udfordre gamle vaner og skab nye rutiner:* Identificer de vaner og rutiner, der er blevet begrænsninger for dit nye selvbillede. Arbejd med at ændre dem. Skab nye rutiner og handlinger, der er i overensstemmelse med dit nye mål, og øv dem dagligt.

*6. Vær tålmodig og vedholdende:* Husk, at ændring tager tid, og at det kan være udfordrende at overvinde gamle vaner og tro. Vær tålmodig med dig selv og vær vedholdende i dine bestræbelser, også når det bliver svært.

*7. Søg støtte:* Det kan være nyttigt at søge en person, der har de resultater du ønsker at skabe, søg aldrig støtte hos nogen, der ikke har de resultater du ønsker, de kan kun fortælle og forklare, her drejer det sig om viden og resultater.

# KAPITEL 9

# Tag kontrollen tilbage i dit liv

Selvbillede er det afgørende fundament for vores livs rejse, vores livsændring. Når vi beslutter os for at skabe et nyt selvbillede, har vi mulighed for at overbevise vores underbevidsthed om vores nye sandheder og overbevisninger. Daglig gentagelse og nedskrivning af vores nye selvbillede er afgørende for at skabe forvandling. Vi gentager vores nye overbevisninger dagligt, og skriver dem ned for at forankre dem dybt i vores bevidsthed. Gennem daglig gentagelse og nedskrivning programmerer vi vores underbevidsthed til at integrere og agere på vores ordre.

Når vi læser vores nye selvbillede, er det vigtigt at skabe forbindelse og tro på det. Vores underbevidsthed responderer også på positive og autentiske overbevisninger. Når vi læser vores nye selvbillede med overbevisning og ægte tro, reagerer vores underbevidsthed og arbejder på at opfylde vores ønsker og mål.

Vores underbevidsthed er vores mest loyale og kraftfulde redskab. Den arbejder for os uden at stille spørgsmål, og uanset hvilke ordrer vi giver den. Ligesom hjertet slår hver eneste dag og lungerne trækker vejret, handler vores underbevidsthed i overensstemmelse med vores kommandoer. Den er som en hær, der handler om vores ordrer uden tøven eller tvivl.

Ærlighed er en vigtig nøgle til at skabe ægte og varige forandringer i vores selvbillede. Vi kan kun overbevise vores underbevidsthed om noget, som er i harmoni med vores handlinger og adfærd. Det betyder, at vi skal agere i overensstemmelse med vores ønskede selvbillede. Hvis vi siger, at vi er sunde, men fortsætter med at spise flødeskumskager og mangler træning, vil vores underbevidsthed ikke acceptere disse erklæringer som sande.

Når vi ændrer vores selvbillede, vil vi begynde at tiltrække ting, mennesker og muligheder, som er i harmoni med vores nye selv. Vores underbevidsthed arbejder sammen med os og for os, uanset hvad der sker i vores liv. Der er ingen begrænsninger eller muligheder for vores underbevidsthed, for den kender ikke ordet »umulig«. Derfor er det så vigtigt at vælge vores ord og tanker omhyggeligt. Vores underbevidsthed reagerer på alle ordrer, positive eller negative. Hvis vi bevidst og gentagne gange fokuserer på sundhed, helbred, kærlighed og rigdom, vil vores underbevidsthed agere i overensstemmelse hermed og tiltrække disse ting til os. Vi skal anerkende vores underbevidstheds magt som vores vigtigste værktøj. Den vil altid arbejde med os og hjælpe os i den retning, som vi ønsker. Derfor skal vi bruge den til vores fordel ved at vælge vores ord og tanker omhyggeligt.

Gennem ærlighed, gentagelse og tro på vores nye selvbillede kan vi skabe en dyb forvandling, hvor vores underbevidsthed arbejder sammen med os, uanset hvad. Lad os omfavne kraften i vores underbevidsthed og lade den lede os mod vores ønsker og mål. Vi fortjener intet mindre end et selvbillede, der fører os til vores højeste potentiale.

Personligt gentog jeg også en bøn for mig selv hver dag flere gange forbundet med dyb ro, den lyder således.

Uddrag fra bogen Min underbevidstheds skjulte kræfter:

»Min krop og alle dens organer, er skabt af min underbevidstheds uendelige intelligens, dens visdom er i stand til at helbrede mig, den har skabt alle organer, knogler, muskler og væv. Dens uendelige intelligens er i dette øjeblik i færd med at transformere hvert atom i mit væsen, det gør mig helt og fuldkommen igen. Jeg takker for denne helbredelse jeg ved, der finder sted i dette øjeblik, min underbevidsthed er i sandhed underfuld«.

Denne bøn satte min underbevidsthed i gang med at arbejde hen imod det mål, nemlig fuldkommen sundhed og helbred. Jeg gentog bønnen flere gange dagligt og satte signaler ind til mit indre miljø. Det er vigtigt at huske på at vores underbevidsthed arbejder for os som en tjener, den adlyder ganske enkelt ordre.
Hvad gør bevidstheden? Når vi bliver bevidste om vores tanker, følelser og handlinger, åbner vi op for en ny dimension af selvindsigt og personlig vækst. Bevidstheden giver os mulighed for at observere vores sind og vores reaktioner på begivenheder og mennesker omkring os.

Gennem bevidsthed kan vi opdage mønstre og programmer, der måske ikke tjener os længere. Vi kan begynde at løsne os fra begrænsende overbevisninger og negative tankemønstre. Når vi bliver bevidste om vores egne tankeprocesser, kan vi begynde at udfordre og ændre dem til mere positive og støttende tanker.

Vi kan hurtigere se tingene fra en anden side, det kære ordsprog »der er altid to sider af samme sag«. Ordet sprog henviser til den måde, vi kommunikerer på, og det indebærer normalt, at der er mindst to parter involveret. Når vi taler om »to sider af samme sag,« henviser vi til, at der ofte er forskellige perspektiver og holdninger på en given situation eller problem. Forståelsen af enhver sag kan være forskellig, afhængigt af den enkeltes oplevelser, overbevisninger og baggrund. At anerkende, at der er to sider af samme sag, kan lede til mere nuanceret og dyb forståelse, og kan hjælpe i løsningen af konflikter og opnåelse af gensidig forståelse. En øget bevidsthed giver os muligheden for at reflektere over situationer.

Refleksion og brug af vores perception er vigtige redskaber til at udvikle vores bevidsthed. Ved at reflektere over vores tanker, følelser og handlinger kan vi opnå en større forståelse af os selv og vores omgivelser. Perception handler om vores evne til at opfatte og fortolke information fra vores sanser, hvilket også bidrager til vores bevidsthed om verden omkring os.

Når vi bruger vores bevidsthed og skelner mellem forskellige perspektiver, kan vi få større indsigt i, hvem vi er som individer, og hvordan vi interagerer med andre. Ved at forblive bevidste, er vi mere opmærksomme på vores tanker, følelser og handlinger, og vi får en større kontrol over vores handlinger og reaktioner. Dette kan hjælpe os med at træffe bedre beslutninger og være mere bevidste om vores eget velbefindende og relationer.

Det er vigtigt at fortsætte med at praktisere refleksion og bruge vores perception for at opretholde en højere bevidsthed. Det kan være gennem meditation, selvrefleksion, dialog med andre, eller ved at være åbne overfor nye oplevelser og perspektiver. Ved at gøre dette kan vi udvikle vores bevidsthed og leve mere bevidst og meningsfuldt.

Bevidstheden giver os også mulighed for at være til stede i øjeblikket. Mange gange er vi fanget i fortiden eller bekymret for fremtiden, men når vi er bevidste, kan vi vælge at fokusere vores opmærksomhed på nuet. Vi kan nyde øjeblikkets skønhed, fordybe os i nuets handlinger og være taknemmelige for det, vi har lige her og nu.

Når vi bliver bevidste om vores egne behov, værdier og ønsker, kan vi begynde at træffe valg, der er i overensstemmelse med vores autentiske selv. Vi kan skabe et liv i overensstemmelse med vores dybeste ønsker og drømme. Bevidstheden giver os mulighed for at skabe vores egen individuelle vej og leve et meningsfuldt og autentisk liv.

Men bevidstheden er ikke kun en kilde til personlig udvikling og vækst, den har også potentialet til at påvirke verden omkring os. Når vi er bevidste om vores handlinger og deres konsekvenser, kan vi træffe beslutninger, der har en positiv indvirkning på vores omgivelser og planeten som helhed.

Ved at være bevidste kan vi også styrke vores evne til empati og medfølelse. Vi kan forstå og respektere forskelligheder og opbygge mere meningsfulde og dybtgående forbindelser med andre mennesker.

Så lad os minde os selv om, at bevidstheden er vores mest dyrebare værktøj. Den er nøglen til personlig vækst, tilstedeværelse og meningsfulde forbindelser. Vi kan aktivt forankre os i vores bevidsthed og bruge den til at skabe positiv forandring i vores eget liv og i verden omkring os. Med bevidstheden som vores guide kan vi træde ind i vores fulde potentiale og leve et liv fyldt med mening, kærlighed og bevidsthed.

Når vi er bevidste, bliver vi i stand til at være til stede i nuet og opleve hvert eneste øjeblik i sin fulde intensitet. Vi lærer at sætte et filter op, der kun tillader positive og gavnlige tanker og følelser at komme igennem. Vi kan spørge os selv, hvad der virkelig gavner os, og træffe beslutninger i overensstemmelse med vores egne ønsker og værdier. Gennem bevidsthed er vi i stand til at flytte os fra automatpilot til aktiv deltagelse i vores eget liv. Vi kan aktivt opsøge nye oplevelser og læring, udfordre vores begrænsninger og udvide vores horisonter. Vi kan vælge at omgive os med mennesker og situationer, der inspirerer og støtter os i vores vækst og udvikling.

Når vi er bevidste, har vi også evnen til at vælge til og fra. Vi kan være selektive i forhold til, hvad vi tillader ind i vores liv og bevare vores energi og fokus på det, der virkelig betyder noget for os. Vi kan sige nej til det, der ikke tjener os, og skabe plads til det, der nærer og beriger os.

Men bevidsthed er ikke kun et spørgsmål om tanke og refleksion. Det handler også om handling. Når vi er bevidste, har vi modet og styrken til at handle i overensstemmelse med vores mål og ambitioner. Vi kan tage ansvar for vores eget liv og skabe de ønskede resultater gennem bevidste handlinger.

Så lad os huske på, at bevidstheden er vores kraftfulde værktøj til at leve et meningsfuldt og autentisk liv. Det giver os mulighed for at være nærværende, træffe egne beslutninger, flytte os, opsøge, vælge til og fra, handle og skabe de resultater, vi ønsker. Lad os forstå og dyrke vores bevidsthed for at opleve et liv fyldt med muligheder og personlig vækst.

Det er vigtigt at forstå, at vores bevidste valg og beslutninger skaber vores virkelighed og påvirker alt omkring os. Når vi er bevidste, kan vi bryde fri af gamle mønstre og paradigmer, der ikke længere tjener os, og aktivt træffe handlinger, der fører os i en ny retning.

Ved at være bevidste kan vi overvinde begrænsninger og forhindringer, vi tidligere har stødt på. Vi kan ændre vores tankemønstre og adfærd, der har holdt os tilbage, og skabe en ny virkelighed for os selv. Vi kan være proaktive og ansvarlige for vores egen udvikling og succes.

Det er vigtigt at huske, at vores handlinger er afgørende for at omsætte vores bevidsthed til konkrete resultater. At tage aktive skridt og handle i overensstemmelse med vores ønsker og mål er afgørende for at skabe forandringer i vores liv. Vi kan ikke alene stole på tankerne og vores bevidsthed – vi skal også handle på dem.

Så når vi er bevidste, er det vigtigt at være villige til at handle på vores indsigter og træffe de nødvendige skridt for at opnå de ønskede resultater. Dette kræver mod, viljestyrke og vedholdenhed, men belønningen er en tilfredsstillelse af at vide, at vi selv er formidlere af vores egen skæbne.

Når vi er bevidste, er det vigtigt at være opmærksom på vores egne valg, behov, ønsker og meninger. Det indebærer at være forbundet med vores indre kerneværdier og dybeste ønsker og drømme. Det betyder ikke, at vi skal ignorere eller negligere andres valg, behov eller meninger, men det indebærer, at vi tager ansvar for vores eget liv og sikrer, at vores handlinger og beslutninger er i harmoni med vores dybeste ønsker og drømme.

Når vi taler om at være bevidste om vores dybeste ønsker og drømme, er det at være opmærksom på vores inderste kerneværdier og de ting, der virkelig betyder noget for os. Det er at kigge indad og opdage, hvad der virkelig bringer os glæde, passion og formål i livet.

Det er at være opmærksom på, hvad der virkelig får vores hjerte til at synge og vores sjæl til at føle sig opfyldt.

Når vi er i kontakt med vores dybeste ønsker og drømme, kan vi revidere vores vej og retning i livet for at følge vores lidenskaber og formål.

Dette betyder ikke, at vi ignorerer eller negligerer andres behov eller meninger. Tværtimod, når vi er bevidste om vores dybeste ønsker og drømme, kan vi også være mere empatiske og lyttende over for andres behov og synspunkter. Vi kan finde måder at skabe harmoni og samarbejde, så vi ikke kun opfylder vores egne ønsker, men også tager hensyn til andre mennesker omkring os.

Kort sagt handler det om at være opmærksom på vores dybeste ønsker og drømme, mens vi også er åbne over for at være en del af et større fællesskab og skabe balance mellem vores egne og andres behov. Det involverer bevidsthed, selvrefleksion og evnen til at træffe valg, der er i overensstemmelse med vores mest autentiske selv.

At tage små skridt kan være en effektiv måde at opnå forandringer på, men det er vigtigt at huske, at det ikke er den eneste måde at skabe ændringer på. Nogle gange kræver vores ønsker og drømme større handlinger eller mere tid.

Nøglen er at være bevidst om, hvad der virker bedst for os som enkeltpersoner. For nogle mennesker kan det være mest effektivt at tage små skridt og opdele deres mål i små, håndterbare opgaver, der gradvist fører til den ønskede ændring. Dette kan hjælpe med at undgå overvældelse og holde motivationen oppe i processen.

Men for andre mennesker kan det være mere gavnligt at tage større skridt eller at implementere mere drastiske ændringer i deres liv for at opnå deres ønsker og drømme. Dette kan kræve mere mod og ressourcer, men det kan også være mere effektivt for at skabe virkelig betydningsfulde forandringer.

Så det vigtige er at være fleksibel og finde den tilgang, der passer bedst til os og vores unikke situation. Det er vigtigt at være bevidst om vores ønsker og drømme og at tage handling i overensstemmelse hermed, uanset om det betyder at tage små, gradvise skridt eller mere dristige og transformative handlinger.

Det er absolut vigtigt at bruge ord som »nuets kraft«, »sætte nye frø« og »være bevidst« i vores tankegang og sprog. Disse udtryk hjælper med at understrege vigtigheden af at være til stede i nuet, træffe bevidste valg og tage handling for at opnå ønsket forandring.

»Nuets Kraft« handler om at udnytte nuet og mulighederne i det aktuelle øjeblik. Det handler om at være fuldt til stede og engageret i det, vi gør, og at bruge denne bevidsthed til at skabe fremtidige resultater.

»At sætte nye frø« betyder at tage initiativ til at starte nye processer eller skabe nye muligheder for os selv. Det kan betyde at bryde gamle mønstre, vælge nye retninger eller implementere nye vaner, der støtter vores ønsker og drømme.

»At være bevidst« betyder at være opmærksom på vores tanker, følelser og handlinger. Det indebærer at være bevidste om, hvad der virkelig er vigtigt for os, og hvordan vi kan træffe valg og træffe handlinger, der bringer os tættere på vores mål.

Så ved at bruge disse ord og begreber i vores tankegang og sprog, hjælper vi med at styrke vores bevidsthed og fokus på at skabe positive forandringer i vores liv. Det er en påmindelse om, at vores handlinger i nuet har afgørende indflydelse på vores fremtid.

# Harmoni

Harmoni er naturens melodi
farver i de skønneste nuancer
her er plads til fantasi
naturens nuancer er fri

fri for begrænsninger
de er blot, fordi
begrænsninger er ikke naturens harmoni
naturen er fri

du er naturen ligesom jeg
derfor er vi fri du og jeg
hvis vi blot forstår
at slippe vores tanker når

forstår at vores tanker
ikke er at anker
tanke er blot fordi
for at flyve forbi

hvis vi følger naturens harmoni
kan vi slippe dem fri
hvis vi blot forstår
naturens lov som står

begrænsninger får energi
hvis vi tillader vores anker
at holde på de tanker
derfor, slip dem fri

du er naturens
sammenspil af harmoni
derfor, vand de tanker
der har værdi

ro, balance og harmoni
gi'r dig naturens energi
energi til blot at være
fyldt med kærlighed kære

kærlighed der vil nære
dine tankers værdi
slip dine begrænsninger fri
lad dig nære af naturens harmoni

Gode værktøjer til at styre underbevidstheden og bevidstheden, daglig fokus på det du ønsker italesætte det og skrive det ned hver eneste dag. Vælg en notesbog til dagligt brug, jo mere bevidst du bliver i nuet, jo mere styr for du over din underbevidsthed og husk på, at denne arbejder for dig 247 uanset, hvad du vælger, så vælg det du virkelig ønsker. Med andre ord: gentagelse, gentagelse, gentagelse.

At være i nuet betyder at være åben for muligheder, og for at skabe det liv, du ønsker. Meditation er et fantastisk værktøj til dette, sæt rigelig tid af og sørg for, at du ikke bliver forstyrret. Husk, at det er for dig og dit liv. Daglig bøn skaber også god kontakt til din underbevidsthed, her mener jeg ikke en bøn som vi kender til fra kirken, men en bøn til din underbevidsthed der retter sig mod dit ønske.

Hvorfor er det så vigtigt, at vi husker os selv, og tænker over hvilke tanker vi vælger at tænke?

Vi ved, at vores tanker har enorm indflydelse på vores liv.

Vores tanker skaber vores attitude, og vores attitude skaber vores liv, og dermed skaber vores attitude vores resultater.

Da jeg hørte det første gang, tænkte jeg »der er i hvert fald ikke noget galt med min attitude«, jeg er lige præcis den jeg er.

Jeg havde dog nogle resultater i mit liv, som jeg ikke ønskede, så jeg var vist ikke helt ærlig over for mig selv. I dag har jeg lært, at det ikke er forkert, det er ikke noget jeg behøver at se negativt på, ikke noget jeg må skamme mig over, det er blot en pil, der viser en mulighed.

Mulighed for at tage en ny retning, en ny måde at tænke på og dermed nye resultater.

En vigtig grundsten, når vi ønsker forandringer, er vores attitude. Vores attitude betyder alt. Det er den indstilling, vi har til livet og de udfordringer, vi står over for. Hvis vi ønsker at skabe forandringer, er det afgørende at arbejde på vores attitude. Vi skal være positive, optimistiske og åbne for nye muligheder. Ved at ændre vores attitude kan vi påvirke vores tanker, handlinger og resultater i en positiv retning. Så lad os huske, at vores attitude er nøglen til at opnå de forandringer, vi ønsker i vores liv.

Som Earl Nightingale sagde, »vores attitude påvirker hele vores liv«.

Hvis vi har en positiv attitude, har vi en positiv indstilling til livet.

Hvis vi har en fattig attitude, har vi et fattigt liv.

Men vi ved at den største kontrol vi har er kontrol over vores egne tanker, vi kan styre dem i den retning vi ønsker livet.

For at komme derhen, må vi først blive til den person, vi må gå, tale, og gøre som den person vi ønsker at blive«.

Måske tænker du nu, hvordan skal jeg kunne det, når det hele lige nu er svært?

Sådan tænkte jeg selv

Jeg ønsker blot at sige ALT ER MULIGT, det er kun os selv der sætter begrænsningerne.

Det er lige præcis den vej jeg selv har gået, for at opnå det jeg ønskede allermest »fuldkommen sundhed og helbred«.

Jeg startede med min morgengåtur og mine taknemlighedsøvelser. Tro mig, de første mange gange tænkte jeg, at det var skørt, men jeg havde intet at tabe, derfor blev jeg ved. Jeg kunne se, at der var andre der opnåede de vildeste resultater, så jeg tænkte »Hvorfor ikke også jeg«. Jeg vidste, at jeg måtte gøre noget, for at opnå nyt.

Når vi starter på nye ting, tænker vi oftest på, hvad vi mister ved at gøre det. Vi sætter alle begrænsninger op for os selv.

Det kan jeg ikke fordi.

Det er der ikke andre der gør, som jeg kender.

De andre siger, det er noget pjat.

Sådan har jeg aldrig gjort før.

Jeg skal på job.

Det har jeg ikke tid til.

Det kan jeg ikke overskue, og mange, mange flere.

Dette er en helt automatisk reaktion, som vi har mulighed for at overskrive ganske enkelt, ved at blive ved.

Vi har alle begrænsninger, og de møder os med skrig og råb, når vi starter på noget nyt.

Husk på at det er blot, det er dig, der bestemmer og ikke dem.

I går var en utrolig smuk dag, hvor Danmark fik en konge, mange af os har sikkert fulgt med.

Jeg synes personligt, at det var en meget meget flot dag og en kæmpe historisk oplevelse.

At tage ansvar for et helt land, at stå frem i stolthed og glæde og samtidig vise sin sårbarhed er en smuk gave.

Hvis vi tænker over det, så indeholder vi alle disse smukke egenskaber

Hvordan bruger vi disse egenskaber i vores liv, til os selv og til andre omkring os.

At vise glæde, sårbarhed og stolthed er tre stærke egenskaber, der sammen skaber en attitude af tillid og tro, der kommer fra hjertet. Ved at udtrykke glæde viser vi vores positive og taknemmelige holdning til livet. Ved at være sårbar viser vi vores ægthed og evne til at åbne op for andre og blive tættere på dem. Og ved at være stolte viser vi vores selvtillid og tro på os selv. Disse egenskaber hjælper os med at opbygge en attitude, der udstråler tillid og tro.

Tillid og tro er afgørende for at skabe den bedste dag og for at udvikle sig som vi ønsker. Når vi har tillid til, at tingene vil falde på plads, og at vores handlinger og indsats vil føre os i den retning, vi ønsker, giver det os styrke og motivation til at fortsætte vores proces. Det er også vigtigt at have troen på, at vores ønsker og intentioner vil blive opfyldt, for ellers vil vi være imod naturloven og ikke være åbne for muligheder og positive resultater. Så lad os omfavne tillid og tro, og arbejde mod at skabe den bedste dag og udvikle os, som vi ønsker.

Hvordan finder du tilliden og troen i din proces?

Vi kan alle have en forskellig tilgang til at finde denne tillid og tro, nogle vil have svært ved at være i det pga. forskellige situationer.

Hvordan fandt jeg min tillid og tro til, at min proces ville gå den retning jeg ønskede?

Jeg tilbragte dagligt min 20 min i naturen, hvor jeg gjorde mine taknemlighedsøvelser, blot at være i naturen. Lytte, nyde og observere, kun mig ingen andre.

Jeg skrev dagligt mine taknemlighedsøvelser.

Jeg mediterede dagligt 23 nogle gange 4 gange. I mine meditationer inddrog jeg dagligt den samme bøn, hvorfor gjorde jeg det?

Dette gjorde jeg for at få min underbevidsthed til at arbejde for mig i den retning jeg ønskede.

Jeg arbejdede dagligt på at komme derhen, som jeg ønskede, ved at skabe det selvbillede og den attitude.

Lad ikke din stolthed begrænse dig, tillad dig selv at se verden som du ønsker det.

Tillad dig selv at finde glæde i livet, denne glæde skaber de følelser og sender de signaler til vores krop om, at vi er glade der vil ske noget godt. Derfor tillad ikke at tristhed/ angst/ frygt styrer dig.

Tillad at åbne op for din sårbarhed dine følelser, tillad naturen at fylde dig med kærlighed og energi.

Brug din sårbarhed og tillad at den må arbejde sammen med dig.

Tillad ikke, at din hårdhed og din styrke styret fra dit ego spænder ben for dig og holder dig tilbage, fordi du ønsker at bruge nye tiltag.

## Regn og vind

Morgentur i regn og vind
tusindvis af dråber på min kind
alle tanker svinder hen
formuler bliver til ingenting

jeg bemærker hver dag
du viser mig vej
du lytter, støtter og nære mig
stille kommer jeg dybere lag for lag

vælger de tanke der nærer mig
giver kærlighed, tillid til mit dybe jeg
tusindvis af dråber viser mig vej
nære og gøder i tillid til dig

din reneste, højeste energi
jeg tillader, at det bliver min
ingen skal lukke min proces i
jeg ved at det er min

min reneste højeste energi
al kærlighed og taknemlighed
i tillid til mig
jeg skaber min verden inde i mig

denne dyrebareste gave
har du vist mig, i tillid til mig
i dybeste taknemmelighed
jeg elsker dig

Jeg vil gerne understrege, hvor vigtigt dette er for mig, og det er afgørende, at du forstår det. Hvis du modstår forandring, modstår du livet. Det, jeg taler om, er ikke rocket science – det er en fysisk lov, som gælder for os alle. Det handler om at skabe det liv, du elsker. Og det kan starte i dag.

Jeg har personligt oplevet, hvordan denne lov har påvirket mit liv. Ved at skabe et nyt selvbillede, opnå fuldkommen sundhed og helbred og meget, meget mere, har jeg virkelig set, hvordan mine handlinger og tanker har haft en enorm indflydelse på mine resultater.

Jeg vil opfordre dig til at tage det første skridt allerede i dag. Definér, hvad det er for et liv, du virkelig ønsker at leve, og tage de nødvendige skridt for at opnå det. Det indebærer bevidste valg, handlinger og at overvinde begrænsninger. Jeg ved, det kan være en udfordring at omsætte dette til praksis, men med bevidsthed, vedholdenhed og troen på dit eget potentiale, er det absolut muligt.

Husk, at denne rejse er unik for hver enkelt af os, og det er vigtigt at finde den tilgang, der passer bedst til dig. Vær tålmodig, forandring tager tid og engagement, men med din vedholdenhed og overbevisning er jeg sikker på, at du kan skabe det liv, du fortjener og virkelig vil elske. Så spring ud i det, lad os skabe vores drømmeliv sammen – i dag!

En af de mest kendte og diskuterede love i personlig udvikling er den fysiske lov om tiltrækning. Denne lov hævder, at det, som du tænker og føler, har indflydelse på de erfaringer, du tiltrækker i dit liv. Med andre ord er dine tanker og følelser magtfulde værktøjer, der kan forme din virkelighed.

Ifølge denne lov er universet en stor magnet, der reagerer på de vibrationer, vi udsender. Hvis du er glad, positiv og har tillid til, at gode ting vil ske, så tiltrækker du flere positive og glædelige oplevelser. Omvendt kan negative tanker og følelser tiltrække mere af det samme.

Det betyder ikke, at alt, hvad der sker i dit liv, er direkte resultat af dine tanker eller følelser. Der vil altid være ydre omstændigheder og faktorer, der påvirker os. Men den fysiske lov om tiltrækning argumenterer for, at vores energi og fokus spiller en afgørende rolle i vores liv og kan have indflydelse på vores oplevelser.

For at anvende denne lov i dit liv er det vigtigt at være opmærksom på dine tanker og følelser. Start med at definere, hvad det er, du virkelig ønsker at tiltrække i dit liv. Visualiser det levende, og mærk de positive følelser, der er forbundet med det. Fokuser på det ofte og vær taknemmelig for de ting, du allerede har. Ved at gøre dette sender du et positivt budskab til universet og øger dine chancer for at tiltrække det, du ønsker.

Det er også vigtigt at handle i overensstemmelse med dine ønsker og træffe de nødvendige skridt for at realisere dem. Den fysiske lov om tiltrækning fungerer ikke kun ved at sidde stille og visualisere – handling er afgørende for at manifestere dine drømme.

Husk, at det kan tage tid og øvelse at mestre brugen af den fysiske lov om tiltrækning. Vær tålmodig med dig selv og fortsæt med at fokusere på det, som du ønsker. Med tid og dedikation vil du begynde at se ændringer i din oplevelse af verden og de manifesterede ønsker, du har i dit liv.

Så gå ud og brug denne fysiske lov om tiltrækning til din fordel. Skab det liv, du virkelig ønsker, ved at tænke positivt, føle og handle i overensstemmelse med det. Du har potentialet til at tiltrække fantastiske oplevelser og opnå store resultater.

Ifølge den fysiske lov om tiltrækning påvirker vores tanker og følelser direkte de erfaringer, vi tiltrækker i vores liv. Universet fungerer som en magnet, der reagerer på de vibrationer, vi udsender. Når vi fokuserer på positive og glædelige tanker, tiltrækker vi mere af det samme til vores liv.

Det betyder ikke, at alt i vores liv er et direkte resultat af vores tanker og følelser. Eksterne faktorer kan stadig spille en rolle. Men loven hævder, at vores energi og fokus er afgørende for vores oplevelser og kan påvirke vores virkelighed.

For at bruge loven i vores liv, er det vigtigt at være opmærksom på vores tanker og følelser. Vi skal definere, hvad vi virkelig ønsker at tiltrække, og visualisere det med levende billeder og positive følelser. Ved at være taknemmelig for det, vi allerede har, og fokusere på det, der gør os glade, sender vi et positivt budskab til universet og øger vores chancer for at tiltrække det, vi ønsker.

Det er også nødvendigt at handle i overensstemmelse med vores ønsker og tage skridt for at realisere dem. Vi kan ikke blot sidde stille og håbe på, at tingene vil ændre sig. Handling er afgørende for at manifestere vores drømme.

Husk, at det tager tid og øvelse at mestre brugen af den fysiske lov om tiltrækning. Vi skal være tålmodige og fortsætte med at fokusere på det, vi ønsker. Med tiden vil vi begynde at se ændringer i vores liv og manifestere vores ønsker.

Så gå ud og brug denne lov til fordel. Skab det liv, du virkelig ønsker, ved at tænke positivt, føle og handle i overensstemmelse med det. Du har potentialet til at tiltrække fantastiske oplevelser og opnå store resultater. Loven om tiltrækning er en kraftfuld vejledning til at skabe det liv, du drømmer om.

Sidder du lige nu og tænker, det kan jeg ikke. så tag dig selv i hånden, du kan alt hvad du ønsker, jeg er ikke mere særlig end du, hvis jeg kan, kan du også. Tror du ikke på, at du kan, så lån min tro, for jeg tror på dig.

Jeg har gjort mig mange observationer undervejs og jeg vil gerne skildre nogle af dem for dig. Mange af mine dybe indsigter har jeg fået på mine mange gåture i naturen, naturen er vores pejlemærke, den viser os præcis, hvad der er muligt, hvis blot vi virkelig ser efter.

En smuk morgen gik jeg i mine tanker og satte mine fødder på en stenbelagt vej, jeg gik og nød solen, fuglene, og trak vejret dybt ind for at finde ro. Jeg satte min fart ned, hvad skulle jeg nå? I dette øjeblik fik jeg muligheden for at observere, hvad der egentlig skete, stenene samlede sig let under mine fødder, de arbejdede sammen og skabte et fint underlag, så jeg havde mulighed for at bevæge mig, der stod ikke en sten midt i det hele stejl, oprejst, stædig, kantet, nejde arbejder alle sammen kantet eller ej, det gav mig en indsigt i min hverdag, vores hverdag, hvis vi flyver ind over alt opdager vi ikke, ser vi ikke, reflektere vi ikke, hvis vi følger naturen vil den vise os præcis vores vej, vi skal glide ind en strøm i nuets opmærksomhed... TÆNKEPAUSE ...

Kig på solsikken, en dag gik jeg forbi en solsikkemark, alle stod smukt og ranke med ansigtet mod solenalle, de ved godt hvorfor. ... TÆNKEPAUSE...

# Flyv min skat, slip dig fri

Jeg sendte dig afsted min skat
med de smukkeste vinger blå
jeg bad dig flyve ud min skat
og finde al din tro

jeg så dig flyve omkring
i det allersmukkeste land
over marker, og søer, aldrig i ring
ud at finde din tro

dine smukke vinger bragte dig
til denne verden der vil berige dig
med al nektar, du skal bruge
blot husk på, kun dette at suge

vælg alt det der beriger dig
så du kan bruge dine smukke vinger
dine smukkeste vinger blå
fold dig ud, flyv smukt på din vej

i ubundethed du vil nå
blot virkelig at forstå
med dine smukkeste vinger blå
du vil din verden opnå

jeg sendte dig afsted min skat
lille følsom, til tider forladt
din nektar vil berige dig
jeg vidste, du ville flyve tilbage til mig

mit vindue stod på klem
du fløj hjem min kæreste ven
rig på viden og muligheder
min allerdybeste taknemmelighed

min dybeste taknemmelighed, for at lære
mine smukke vinger, kan mig nu bære
i tillid og tro, til mine vinger blå
jeg vil aldrig mere lade dig stå.

# KAPITEL 10

# Ikke at identificere mig

Jeg vælger at skrive et kapitel om identitet, for mig har det haft en kæmpestor indflydelse og måske sidder du med det samme. Mange af os går rundt med en identitetsfølelse uden rigtig at vide, hvorfor og hvem der har anbragt den i os.

Identitet, et begreb, der går dybt ind i vores eksistens. Hvem er jeg? Hvorfor er jeg her? Disse spørgsmål er en uundgåelig del af vores rejse gennem livet, da de hjælper os med at forstå og definere vores identitet.

Identitet er mere end blot vores navn eller fysiske træk. Det er en helhed af vores tanker, følelser, værdier og livsformål. Det er det unikke sæt af egenskaber, der gør os til den person, vi er i dag.

At udforske vores identitet giver os mulighed for at dykke dybere ind i vores væsen og forstå, hvad der driver os. Det hjælper os med at afklare vores mål og formål og giver os retningen i vores livs rejse.

Identitet handler også om, hvordan vi ser os selv i forhold til andre. Vi formes af vores relationer til vores familie, venner, kolleger og samfundet som helhed. Disse relationer påvirker vores tro, værdier og adfærd og bidrager til at forme vores identitet.

Men identiteten er ikke statisk. Det udvikler sig og ændrer sig i takt med vores livserfaringer og vores opdagelse af os selv. Det er et kontinuerligt arbejde med at udforske, definere og forme vores identitet.

At have en klar forståelse af vores identitet er afgørende for vores trivsel og lykke. Det hjælper os med at træffe valg, der er i harmoni med vores autentiske selv og giver os modet til at leve vores liv i overensstemmelse med vores værdier.

Så næste gang du stiller dig selv spørgsmålet »Hvem er jeg?« eller »Hvad er min identitet?«, så tøv ikke med at udforske det. Vær nysgerrig, omfavne forandringer og omfavne rejsen til selvopdagelse. For det er gennem forståelse og accept af vores identitet, at vi kan opbygge et meningsfuldt og autentisk liv.

Identitet er også tæt forbundet med vores relationer til andre mennesker. Vi er et gennemsnit af de fem mennesker, vi bruger mest tid sammen med. Dette er en tankevækkende observation, der får os til at tænke over, hvem vi omgås, og om de er i overensstemmelse med, hvor vi ønsker at være i livet.

De mennesker, vi omgiver os med, har en enorm indflydelse på vores holdninger, værdier og adfærd. Hvis vi omgiver os med mennesker, der er motiverende, inspirerende og positive, vil det sandsynligvis skubbe os i retning af vores mål og drømme. Omvendt kan negative og nedbrydende relationer holde os tilbage og forhindre udviklingen af vores identitet og potentiale.

Derfor er det vigtigt at være bevidst om vores sociale kredse og vurdere, om de er sympatiske med vores værdier og mål. Det er ikke nødvendigvis let at ændre vores sociale relationer, men vi kan tage små skridt til at tiltrække eller skabe mere positive relationer i vores liv.

Vær ærlig overfor dig selv og tænk over, om de mennesker, du omgås med, er en kilde til inspiration, støtte og vækst. Hvis ikke, kan du overveje at søge efter nye fællesskaber, deltage i netværksarrangementer eller søge rådgivning fra mentorer eller coaches, der kan hjælpe dig med at skabe en mere positiv og opmuntrende omgangskreds.

At omgive sig med mennesker, der deler vores værdier og ambitioner, kan være en kraftfuld motivation til at fortsætte vores personlige vækstrejse og opbygge den identitet, vi ønsker.

Husk, at selvom vi er påvirket af dem, vi omgås, har vi stadig et individuelt ansvar for vores egen udvikling. Vi kan aktivt søge positiv indflydelse, men også være bevidste om vores egne handlinger, værdier og holdninger.

Så tag dig tid til at evaluere dine relationer og omgivelser. Spørg dig selv: Er det der, hvor du ønsker at være? Og hvis ikke, hvad kan du gøre for at tiltrække eller skabe mere positive forbindelser i dit liv?

Vores identitet er ikke kun formet af os selv, men også af vores omgivelser og sociale interaktioner. Vi er påvirkelige væsener, der søger at tilpasse os og passe ind i vores sociale grupper.

Vi bliver påvirket af vores forældre, lærere, venner, kolleger og samfundets normer og forventninger. Vi adopterer deres holdninger, værdier og adfærd og efterligner dem uden altid at være bevidste om det. Vi siger, handler og tænker nogle gange som de gør, fordi vi ønsker at blive accepteret og være en del af fællesskabet.

For eksempel, hvis vores venner spiser sundt og dyrker motion, kan det motivere os til at følge deres eksempel. Hvis vi konstant bliver fortalt, at vi er smukke eller talentfulde, vil vi sandsynligvis internalisere dette billede af os selv og se os selv på samme måde.

Men det er vigtigt at huske, at vores identitet ikke kun er en kopi af andres. Vi har stadig vores egne unikke tanker, følelser og oplevelser, der bidrager til at forme vores identitet. Vi kan også aktivt tage ansvar for vores identitets formning ved at være opmærksomme på, hvilke værdier og idealer vi ønsker at omfavne. Selvom vi er påvirket af vores omgivelser, har vi stadig muligheden for at vælge vores egne veje og udvikle vores autentiske identitet. Det kræver selvrefleksion, bevidsthed og mod til at tage ansvar for vores egne handlinger og valg.

Vi bør være åbne overfor at lære af andre, men også udfordre og udforske vores egne tanker og følelser for at finde vores autentiske selv. Ved at være opmærksomme på vores virkelighed kan vi bevæge os i retning af at opbygge en identitet, der er i samklang med vores indre kerne værdier og ønsker.

Så husk, at mens vi bliver påvirket af vores omgivelser, har vi stadig en individuel stemme, og muligheden for at forme vores egen unikke identitet. Tag ansvar for dit eget liv og søg efter den autentiske version af dig selv, der vil bringe lykke og succes i dit liv.

At identificere sig med en sygdom kan have negative konsekvenser for vores mentale og fysiske velbefindende. Det kan føre til, at vi fokuserer for meget på vores symptomer og begrænsninger, hvilket kan forstærke sygdommens indvirkning på vores liv. Det kan også påvirke vores selvværd og selvopfattelse, da vi måske føler, at vi kun er defineret af vores sygdom.

Det er vigtigt at huske, at vi er mere end vores sygdom. Selvom sygdommen måske er en del af vores liv, er det ikke hele vores identitet. Vi er stadig unikke individer med egne interesser, værdier og drømme, der strækker sig ud over sygdommen.

En sund måde at håndtere sygdom på er at acceptere dens tilstedeværelse, men ikke lade den definere, hvem vi er. Det indebærer at bære sygdommen med os, men ikke lade den styre vores tanker, følelser og handlinger.

Det kan være gavnligt at søge støtte fra venner, familie og professionelle, der kan hjælpe os med at genopbygge en positiv identitet og fokusere på vores ressourcer og interesser. Det er også vigtigt at være opmærksom på vores sprogbrug og tankemønstre og undgå at assimilere sygdommen som vores kerneidentitet. Selvom det kan være udfordrende, er det muligt at bevæge sig væk fra en identifikation med sygdom og genopbygge en sund og positiv identitet, der omfavner alle aspekter af vores liv. Vi er ikke kun vores sygdom – vi er helstøbte individer med evner, muligheder og potentiale for at skabe glæde og opfyldelse på trods af sygdom.

Som Earl Nightingale sagde »Tal ikke om dit helbred medmindre det er godt«.

Sygdommen er et resultat af fysiske faktorer og påvirker vores krop og helbred. Det er vigtigt at skelne mellem os som individuelle mennesker og den fysiske manifestation af sygdommen.

Selvom sygdommen kan have en betydelig indflydelse på vores daglige liv og begrænse vores fysiske evner, er det stadig vigtigt at huske, at vi er mere end blot sygdommen.

Den må ikke få lov til at tage over, at tage magten fra os.

Husk, at vi altid har et valg. Vi kan vælge om den må være vores identitet og vi kan vælge at se den som et resultat, vi skal tage handling på. Vi kan vælge at lade den fylde og vi kan vælge, at den ikke må fylde. Vi kan vælge at tale om den konstant og hermed give den opmærksomhed, og vi kan vælge, ikke at give den opmærksomhed. Husk på, at det vi vander, gror. Det gælder ikke kun for nogle ting, det gælder for alt, hvad vi har med at gøre, det er en naturlov, ligesom alle andre love. Derfor er det så vigtigt at blive vores egen kaptajn, så vi kun vander det vi ønsker at se blomstre.

Vores identitet er kompleks og består af mange forskellige faktorer, herunder vores personlighed, interesser, værdier og drømme. Selvom sygdommen kan være en del af vores erfaring, definerer den ikke på nogen måde, hvem vi er som enkeltpersoner.

Det er vigtigt at se på sygdommen som en fysisk følgevirkning, der ikke definerer vores identitet. Ved at anerkende sygdommen som noget, der påvirker os fysisk, men ikke er vores fuldstændige væsen, kan vi begynde at skabe en mere nuanceret og helhedsorienteret selvopfattelse.

Det er altafgørende og supervigtigt, at omgive sig med mennesker, der understøtter os i at se ud over sygdommen og erkender os for de mange andre aspekter af vores liv og personlighed. Disse mennesker kan hjælpe os med at opretholde en positiv indstilling og styrke vores selvværd.

Det er også vigtigt at arbejde på at udvikle en stærk og positiv selvopfattelse gennem selvrefleksion, støtte og terapi om nødvendigt. Ved at styrke vores mentale og følelsesmæssige velvære kan vi mindske sygdommens indflydelse på vores egen opfattelse og åbne os op for at se os selv som mere end blot fysiske konsekvenser.

Vi er ikke begrænset af vores sygdom. Vi er enkeltpersoner, der har potentiale til at opnå vores mål og drømme, uanset vores helbredsmæssige udfordringer. Ved at se sygdommen som et fysisk resultat og ikke som vores fuldstændige identitet, kan vi frigøre os fra dens begrænsninger og skabe en mere nuanceret og meningsfuld livserfaring.

Sygdommen er et fysisk resultat og ikke en definition af vores identitet.

At finde balancen mellem at være en person med sygdom og stadig opretholde sin identitet som individ kan være en udfordring. Sygdom kan påvirke ens selvbillede og selvopfattelse, især når andre mennesker tolker os primært ud fra ens sygdom. Det er vigtigt at forstå, at den identitet er meget mere end bare ens helbredsmæssige tilstand.

En persons identitet er kompleks og sammensat af mange aspekter, såsom personlighed, interesser, værdier, drømme, relationer og erfaringer. Selvom sygdom kan være en del af livet, definerer den ikke fuldstændig vores identitet. At tillade sygdommen at

dominere ens selvopfattelse kan føre til en følelse af tab af auto-
nomi og individualitet.

For at bevare ens identitet er det vigtigt at anerkende og ac-
ceptere ens helbredsmæssige udfordringer og deres indvirkning
på ens liv. Men det er også nødvendigt at opretholde en bevidst-
hed om og værdsætte de andre aspekter af, hvem vi er som indi-
vider.

Dette kan opnås ved at fortsætte med at fokusere på det, der sta-
dig er muligt og meningsfuldt i livet, på trods af sygdommen.
Det kan indebære at udøve interesser, forfølge mål og drømme
inden for de grænser, som sygdommen sætter, hvis den sætter
grænser, for husk at det er kun dig der tillader det, om der er
grænser eller ej.

Det er også væsentligt at omgive sig med støttende menne-
sker, der ser og anerkender ens fulde identitet og ikke kun foku-
serer på sygdom. Disse personer kan være med til at styrke ens
selvværd og hjælpe med at opretholde en positiv selvopfattelse.

Det er vigtigt at minde sig selv om, at sygdom ikke definerer,
hvem vi er, men at vi stadig har værdi og betydning som per-
soner, uanset de helbredsmæssige udfordringer. Ved at skabe en
balance mellem at anerkende sygdom og samtidig fastholde den
unikke identitet kan vi opnå en følelse af helhed og trivsel, selv
under svære omstændigheder.

Når det handler om at bevare ens identitet på et dybere niveau,
handler det om at fokusere på vores indre kerneværdier, interes-
ser og kvaliteter, der definerer os som individer. Uanset om vi
har udfordringer med vores helbred eller ej, er det disse unikke

træk ved os selv, der udgør vores sande identitet. Det er vigtigt at opretholde en forbindelse til vores passioner, interesser og aktiviteter, der bringer os, glæde og mening i livet. Dette kan bidrage til at styrke vores følelse af os selv, og give os en følelse af vores formål og identitet, selv når vi oplever udfordringer i vores helbred.

Desuden kan det være gavnligt at omgive os selv med støttende mennesker, der værdsætter og respekterer os som individer, uanset vores sundhedsmæssige tilstand. Disse mennesker kan hjælpe os med at opretholde vores identitet ved at give os plads til at være os selv og lade vores kvaliteter og værdier skinne igennem. Når det handler om at bevare ens identitet på et dybere niveau, handler det om at fokusere på vores indre kerne, værdier, interesser og kvaliteter, der definerer os som individer. Uanset om vi har udfordringer med vores helbred eller ej, er det disse unikke træk ved os selv, der udgør vores sande identitet.

Det er disse værdier, der tilsammen med et ønske sætter rammen for et mål med livet, at have et mål med livet betyder at have noget værdifuldt og vigtigt hver eneste dag at stå op til, at føle sig værdsat at have en værdifuld opgave med livet.

Samlet set handler det om at finde en balance mellem at håndtere eventuelle helbredsmæssige udfordringer og stadig bevare vores unikke identitet. Det indebærer at fokusere på det positive i vores liv, forblive forbundet med vores kerne og omgive os med støttende mennesker, der ser og værdsætter os for, hvem vi er som individer.

Det kan være udfordrende for andre at forstå vores situation, især når det kommer til familiemedlemmer, venner, kolleger og endda samfundet generelt. Det kan være nødvendigt at tage visse valg og overveje, hvem der skal vide hvad om de helbredsmæssige udfordringer, baseret på behov for støtte og forståelse.

Det er ikke altid nemt for andre at sætte sig i det sted eller forstå, hvordan vi oplever de helbredsmæssige udfordringer. Nogle gange kan det være bedst at være selektiv med at dele detaljer om vores tilstand, især hvis det ikke er relevant eller nødvendigt for den pågældende person. Det er vigtigt at prioritere vores egen velvære og tage ansvar for vores egen mentale og følelsesmæssige sundhed. Hvis det betyder, at vi skal vælge til og fra i forhold til, hvad vi deler med andre, kan det være helt berettiget.

Det er også vigtigt at finde en balance mellem at være ærlig og åben om situationen og samtidig beskytte privatlivet. Det er op til en selv at bestemme, hvor meget man ønsker at dele om helbredsmæssige udfordringer, og hvilke personer det skal deles med.

Nogle mennesker er mere forstående og villige til at lytte og støtte, mens andre måske ikke er i stand til at forstå eller være tænksomme på den måde, vi håber på. Det er vigtigt at omgive os med mennesker, der er positive og støttende, og som kan hjælpe os med at bevare vores identitet og trivsel.

Husk, du har ret til at vælge hvem og hvor meget du deler din situation med, og det er vigtigt at tage vare på dig selv og dit eget følelsesmæssige velvære først og fremmest.

Samlet set handler det om at finde en balance mellem at håndtere eventuelle helbredsmæssige udfordringer og stadig bevare den unikke identitet. Det indebærer at fokusere på det positive i vores liv, forblive forbundet med vores kerner og omgive os med støttende mennesker, der ser og værdsætter os for, hvem vi er som individer.

Det kræver tro, styrke og vedholdenhed, samtidig med, at det handler om at finde ud af hvem vi er, hvad vi ønsker og hvad vi skal lære.

For mange mennesker er bevidstheden om deres egne handlinger ikke til stede. De agerer uden at tænke selvstændigt og reflektere over deres handlinger. I virkeligheden er det kun omkring 3% af befolkningen, der er opmærksomme på deres tænkning, og kun 2% formår faktisk at bevise deres tænkning gennem konkrete handlinger. Når vi bliver klar over denne manglende bevidsthed, kan vi bedre forstå, hvorfor mennesker handler, siger og taler, som de gør. Nu, hvor vi selv er bevidste omkring dette, bliver det vigtigt at bruge vores egen bevidsthed til at træffe mere bevidste valg og handle med større indsigt.

At være bevidst om vores egne handlinger er nøglen til at forstå vores motiver og de virkninger, vores handlinger kan have på os selv og andre. Kun ved at reflektere over vores egne handlinger kan vi begynde at forstå, hvilke tanker og overvejelser der ligger bag. Det er først i bevidstheden om vores egne tankemønstre og beslutningsprocesser, at vi kan begynde at ændre dem og træffe mere informerede valg.

Når vi handler bevidst, er vi mindre tilbøjelige til at blive påvirket af det, vi har hørt, set eller læst uden at tænke selvstændigt. Vi bliver mere autoritative og bemyndigede i vores handlinger, fordi vi er i stand til at vurdere og kritisere de informationer, vi bliver præsenteret for. Ved at anvende vores bevidsthed kan vi skabe balance mellem at tage indtryk og at tænke selvstændigt og formidle vores egne tanker og overbevisninger.

Når vi nu ved alt dette, hvorfor kan det så stadig være svært? svært at sige fra? svært at blive i vores egen overbevisning?

De fleste af os er vokset op i hjem, hvor vi skal tilpasse os de andre, være søde og høflige, høre efter hvad der bliver sagt, og måske helst ikke fylde for meget. Det er muligt, at du nu sidder og tænker, sådan var det ikke i mit hjem, læs blot med, for du har sikkert haft andre overbevisninger omkring dig.

Hvis vi blot er en lille smule usikre på vores handling eller handlinger og en ven spørger indtil det fysiske resultat, måske med en snert af negativ antydning, vil vi som mennesker straks begynde at blive nervøse eller tvivle, så snart vi tvivler har vi mistet os selv, derfor er det så utrolig vigtigt, at du kun deler situationer med andre der tænker, det lyder måske hårdt, men nu er det dig det handler om, dit helbred og dit liv, vi bliver så hurtig ofre for autosuggestion, hvis vi ikke er bevidste.

Jeg vil benytte mig af at fortælle dig en anden historie, for at tydeliggøre det mere konkret, hvis du er på et fly og personen ved siden af dig er nervøs og hvid i hovedet, og du siger til personen »puha du ser skidt ud, er du flyskræk?« »Vil du have en brækpose?«. Så har du netop påvirket personen så meget, at vedkommende højst sandsynligt bliver dårlig og skal bruge brækposen. Du har netop med autosuggestion bekræftet personens egen følelse. Hvis du nu havde sagt det samme til en af stewardesserne, ville hun højst sandsynligt blot smile til dig, og hermed afvise dine ord, fordi hun ved at hun er fly stærk.

Sådan fungerer vi alle, der er ikke nogen, der er undtaget af denne regel.

Jeg bad min mand og mine børn om ikke at se mig som sygdommen, jeg ønskede ikke at bære den identitet, som jeg ikke havde særlig kontakt med i den periode. Jeg forsøgte at aflede og tale udenom.

Jeg udøvede dagligt mange meditationer, hvor jeg altid så mig som sund og rask, jeg sammenlignede mig med andre, der havde gjort det samme som jeg ønskede at opnå, så jeg udvalgte nogle personer jeg kunne spejle mig i. Var det ensomt? Ja, det var det, meget. Var det vigtigt for mig? Ekstremt vigtigt.

Jeg dannede mig et nyt selvbillede, som jeg konsekvent arbejdede udefra og tænkte udefra.

Tænker du ligesom jeg, hvad sker der nu, hvis jeg hele tiden refererer til sygdommen? Hvad sker der hvis andre gør det uden at de måske tænker over det? Hvad har det af betydning?

Identitet er en kompleks og dynamisk del af livet. Den bliver formet af de forskellige faktorer, der påvirker en og væver en unik fortælling om, hvem personen er som et individ. Men når en sygdom kommer ind i billedet, kan det ændre personens opfattelse af sig selv og påvirke, hvordan de ser deres identitet.

Sygdom kan være en dominerende kraft i livet. Det kan udfordre deres mentale, følelsesmæssige og fysiske tilstand på en måde, der får personen til at reflektere over deres egen eksistens. Det er i disse øjeblikke, hvor identiteten bliver udfordret og formet på en ny måde.

Når de altid tænker på sygdommen, kan det føles som om, den definerer deres eksistens. Uanset, hvad de gør for at tage vare på deres helbred – fra at spise sundt til at deltage i retreats – bliver deres bevidsthed ved med at henvise til sygdommen. De kan føle sig fanget i en uendelig negativ tankegang, der forhindrer dem i at frigøre sig og leve fuldt ud.

Disse konstante referencer til sygdommen påvirker deres underbevidsthed på en negativ måde. Det kan føre til følelser af frustration, angst og hjælpeløshed, der kan begrænse deres evne til at skabe en ny og positiv identitet. Men det er vigtigt at indse, at dette ikke er den eneste måde, hvorpå deres identitet kan formes.

Personen er ikke kun deres sygdom. De er også deres modstandskraft, deres evne til at overvinde og deres indre styrke. Identitet er mere end bare en etiket, og selvom sygdom kan have en betydelig indflydelse på dem, definerer den ikke helt, hvem de er.

For at opnå en mere positiv og opbyggende identitet er det vigtigt, at der er balance.

Når jeg ser tilbage på min rejse, kan jeg nu se, hvor vigtigt det var at ændre min måde at tænke på. Selvom jeg i starten ikke erkendte det, indså jeg senere, at mine negative tanker og mentale mønstre spillede en afgørende rolle i min helbredelsesproces.

Jeg erkender nu, at mine tidligere forsøg på at forbedre mit helbred kun var overfladiske løsninger. Jeg ændrede mine kostvaner og tilbragte mere tid i naturen, hvilket var godt, men det var ikke nok.

Jeg var nødt til at gå dybere og udforske mine tanker og følelser.

Jeg har indset, at mine negative tanker, bekymringer og stress holdt mig tilbage fra at opnå det helbred og den trivsel, jeg ønskede.

I dag ved jeg, at jeg har magten til at ændre mine tanker og tage kontrollen over min egen mentale tilstand. På min rejse har jeg lært at lære og eksperimentere med forskellige metoder og teknikker til at ændre min tankegang. Jeg har lært om positiv tænkning, selvaccept, selvomsorg og mindfulness. Jeg har lært at være opmærksom på mine negative tanker og erstatte dem med mere positive og konstruktive tanker.

Det var ikke let, og der var mange tilbageslag og vanskeligheder undervejs. Men jeg blev ved med at arbejde på det, og fokuserede på at opbygge en mere optimistisk og støttende indre dialog.

Med tiden begyndte jeg at mærke en betydelig forandring. Jeg følte mig mere rolig, mere i kontrol og mere positivt indstillet. Jeg begyndte at se, hvordan ændringen i min tankegang påvirkede ikke kun mit mentale velvære, men også min fysiske sundhed.

Selvom jeg måske stadig har dårlige dage, hvor mine negative tanker dukker op igen, ved jeg nu, hvordan jeg kan håndtere dem og ændre retning. Jeg ser tilbage på min rejse og kan konstatere, hvordan ændringen i min tankegang har haft en positiv indvirkning på mig og min helbredelsesproces.

Jeg satte mig ofte i »guldægget« som Rikke Hertz så fint beskriver, her satte jeg mig ind, når mennesker omkring mig talte om sygdom, prognoser eller andre tunge ting, jeg forstillede mig, at jeg sad inde i guldægget og al negativitet ingen adgang havde, det gled blot ned af æggets vægge. Det fungerede for mig, og ultimativt på den måde, fik det ingen adgang til mig. Måske kan du også bruge guldægget, alle har fortjent et guldæg i mine øjne, så værsgo du må gerne låne midt.

Så når du ser tilbage på din rejse, håber jeg, at du kan erkende betydningen af at ændre din tankegang. Du har allerede taget det første skridt ved at reflektere over det, og det er en vigtig erkendelse. Hold fast i denne indsigt og fortsæt med at arbejde på at ændre dine negative tanker til mere positive og støttende tanker.

For nogle mennesker kan det være svært at slippe identiteten. Når jeg reflekterer over min rejse, er det tydeligt for mig, at nogle mennesker er dybt forbundet med deres identitet som syge. De føler sig trygge og vant til denne identitet, fordi den er velkendt, og de kan ikke forestille sig en anden måde at være på. Alle omkring dem associerer dem med deres sygdom, og det bliver en central del af, hvem de er.

Med tiden begynder de dog at indse, at denne identitet som sygdom er en fælde, der forhindrer dem i at opnå helbredelse. De bliver fanget i begrænsende overbevisninger og en negativ spiral af tanker og følelser, der kun styrker sygdommen. De drømmer inderligt om at bryde fri fra denne spiral og opleve et liv, hvor de ikke længere identificeres af deres sygdom.

Men desværre formår de ikke at bryde ud af sygdomsbilledet. Det er en daglig kamp for dem at forsøge at ændre deres tankegang og skabe en ny identitet. Tanken om at blive set, som mere end blot syge som mennesker med potentiale og muligheder, virker som en uopnåelig drøm.

Det er en udfordring at bryde de gamle mønstre og overbevisninger. De prøver at erstatte deres negative tanker med mere positive og konstruktive tanker, men det er svært at opretholde denne ændring. De søger støtte fra deres omgivelser, men de bliver stadig mest set som syge i stedet for at blive støttet til at skabe en ny identitet.

Desværre forbliver de i den farlige spiral og oplever ikke den frihed, som de så inderligt ønsker. De føler sig fortsat begrænsede af deres sygdom og kan ikke forfølge deres drømme og mål på grund af identifikationen med sygdommen. De erkender, at de ikke kan undslippe sygdomsbilledet og føler sig fanget i en evig kamp. Så når vi ser tilbage på deres rejse, er det tydeligt, at de ikke formår at bryde ud af sygdomsbilledet. De har kæmpet mod det i lang tid, men har ikke kunnet opnå den helbredelse og frihed, de drømmer om. Det er en frustrerende og smertefuld virkelighed for dem, og de fortsætter med at søge en ny vej, hvor de kan finde en identitet, der ikke kun er defineret af deres sygdom.

Disse mennesker vil aldrig kunne opnå helbredelse, for de tillader det ikke, de lever i begrænsninger.

Alene ordet kamp er så hårdt og begrænsende, ordet indebærer typisk en hård og modstand fyldt kamp for at opnå et mål. Det kan give en følelse af strid og uoverkommelighed.

Hvis vi bruger et mere konstruktivt sprog, kan det være mere gavnligt for vores sind og vores tilgang til udfordringer eller mål. I stedet for at tale om en »kamp«, kan vi fokusere på en »udfordring« eller en »rejse«. Disse ord signalerer muligheden for vækst, læring og muligheder for at overvinde forhindringer med vedholdenhed og engagement. Vores sprog og tanker har stor indflydelse på vores holdninger og handlinger. Ved at indarbejde mere positive og konstruktive udtryk i vores sprogbrug kan vi skabe en mere opmuntrende og motiverende mentalitet, der hjælper os med at håndtere livets udfordringer på en mere effektiv måde.

Gode værktøjer her er at finde dine stærke kerneværdier frem dit livsformål, så du finder en vigtighed i dig og i din hverdag, at der er en særlig årsag til at leve, dette drive er så stort, og vigtigst af alt det giver ikke op.

Samtidig er det vigtigt at gøre andre opmærksom på at den situation, der er nu, er et udtryk for tidligere handlinger og beslutninger, dermed er det ikke en identitet, og derfor må der ikke graves og konstant være opmærksomhed på det nuværende, da det er vigtigt at have fokus på hvad vi ønsker, det kan for nogle være utrolig svært at forstå, men så må det være sådan. Her kan en god dialog skabe fine broer til forståelse der gavner alle, det er så vigtigt at forstå at hvis vi bliver ved med at omtale den syge som syg, så kommer vedkommende aldrig ud af den boble.

*1. Skab en ny identitet:* Fokuser på dine styrker og interesser uden for sygdommen. Find passioner og aktiviteter, der giver dig glæde og definerer dig som mere end bare din sygdom.

*2. Vær bevidst om dine tanker:* Vær opmærksom på de tanker og overbevisninger, der opretholder din identifikation med sygdommen. Udfordre og ændre disse tanker til mere positive og helbredende overbevisninger.

*3. Omgiv dig med støtte:* Søg støtte fra mennesker, der støtter din helbredelse og ser dig som mere end din sygdom. Vær omgivet af mennesker, der opmuntrer og inspirerer dig til at leve et liv uden begrænsninger.

*4. Find en ny mening og formål:* Udforsk og definer en dybere mening og formål, der strækker sig ud over sygdommen. Dette kan give dig et nyt perspektiv og motivere dig til at fokusere på heling og personlig vækst.

*5. Vær tålmodig og kærlig overfor dig selv:* Slap af og vær tålmodig med dig selv i processen med at frigøre dig selv fra sygdomsidentiteten. Vær venlig og kærlig over for dig selv og omfavne den nye identitet, du skaber.

Husk, at du er mere end din sygdom, og du har potentialet til at frigøre dig selv og leve et liv fyldt med frihed og lykke.

# Efterår

Træerne har smidt deres blade
de står nøgne side om side
alle disse smukke blade
bære på naturlovs, viden

Nøgne og rå intet at skjule
accept i blot at være
med rotillid til at turde
lade kærligheden bære

med åbne arme at lære
accept i blot at være
i nuet, træde i blade
i al kærlighed at tillade

de smukke farver viserårstiden skifter
naturens værdi vil være
i accept blot at være
ubegrænset fri, i kærlighed nære

skifter og lader stå
har gjort klar til næste forår
accept i at lade stå, fuldkommen rå
i stilhedens rum, hvis du forstår

forstår at her kan skabes
med din tro og fantasi
accept i blot at være
i stilhed, tillid skaber du ren magi

# KAPITEL 11

# Tro

Dette kapitel er mit yndlingskapitel, det er roden til alt, tro er ikke bare, tro er en kraft, det er en sindstilstand, det er direkte forbindelse til vores underbevidsthed, vores uendelige intelligens, vores andet selv der findes i os alle. Troen skaber vores indre miljø. Det er den gnist, der tænder vores indre lys og skaber en følelse af urokkelig overbevisning. Tro handler ikke kun om at have tillid til en højere magt, men også om at have tillid til os selv. Uden denne læring om tro, havde jeg aldrig kunne opnå det jeg har, derfor er dette kapitel så vigtigt, for det er med troen, at alt er muligt.

At tro på sig selv er at have tillid til vores egen styrke og evne til at håndtere livets udfordringer. Det handler om at være tro mod vores egne værdier og at handle i overensstemmelse med vores indre sandhed. Det er ikke altid let, for vejen kan være fyldt med tvivl og usikkerhed.

Men når vi dykker ind i vores indre kerne og vælger at tro på os selv, er vi i stand til at overvinde selv de mest uoverkommelige hindringer. Vores tro bliver en vejledning, der leder os gennem mørket og giver os håb i selv de mest desperate situationer.

Tro giver os også modet til at træde uden for vores komfortzone og udforske nye muligheder. Når vi tror på vores egne evner, begynder vi at se vores sande potentiale og forstår, at intet er umuligt. Vores tro skaber en indre styrke, der driver os fremad, selv når vi står over for modgang og modstand.

Men tro er ikke kun at have tillid til os selv; det er også at have tillid til andre. Det er at tro på, at menneskeheden er i stand til at skabe positive forandringer og at vi kan skabe et bedre samfund. Når vi tror på hinanden, viser vi empati, omsorg og solidaritet med vores medmennesker.

Tro er en stærk forbindelse til vores indre kerne. Det giver os styrke og inspiration til at forfølge vores drømme og mål. Det får os til at tro på, at alt er muligt, hvis vi tør drømme stort og handle i overensstemmelse hermed.

Der vil altid være øjeblikke, hvor vores tro bliver udfordret, hvor tvivlen og frygten tager over. Men det er i disse øjeblikke, at vi skal huske at vende tilbage til vores tro og tro på os selv. For når vi har troen på vores side, er vi i stand til at overvinde enhver hindring og skabe mirakler i vores eget liv. Når vores overbevisning bliver til tro, er dens kraft i stand til at ændre alle tilstande – både fysiske og psykiske. Det kræver dog en stærk vilje og et brændende ønske om forandring.

Tro er kraftfuld, fordi den begynder i vores sind og har potentiale til at manifestere sig i virkeligheden. Når vi bruger vores fantasi til at forestille os det ønskede resultat og overbeviser os selv om, at det er muligt, skaber vi et kraftfuldt energifelt, der tiltrækker og manifesterer vores ønsker.

Tro er ikke en passiv tilstand – det kræver handling og engagement fra vores side. Vi bliver nødt til at tage det første skridt og handle i overensstemmelse med vores tro. Undervejs vil der være udfordringer, tvivl og modstand, men vores tro bliver vores vejledning og støtte i disse svære perioder. Når vi har en brændende tro og et klart billede af det, vi ønsker at opnå, begynder vi at tiltrække de ressourcer, mennesker og muligheder, der vil hjælpe os med at realisere vores ønsker. Vores tro styrker vores beslutsomhed, vedholdenhed og kreativitet, hvilket fører os tættere på vores mål.

Tro kan også påvirke vores mentale tilstand. Gennem vores tro kan vi omdanne negativitet, tvivl og frygt til positive og konstruktive tanker og handlinger. Vi kan skabe en forandring i vores mentale helbred og træne vores sind til at fokusere på det positive og det, der inspirerer os. På samme måde kan vores tro påvirke vores fysiske helbred. Selvom det er vigtigt at understrege, at tro alene ikke kan erstatte medicinsk behandling eller professionel hjælp, kan en positiv tro og en stærk vilje til bedring have en gavnlig virkning på vores krop. Det kan give os motivation og tålmodighed til at gennemgå behandlingsprocessen og bidrage til et mere helhedsorienteret helbred.

Så lad os omfavne og nære vores tro. Lad os huske, at selv når det er svært, kan vores tro være drivkraften bag transformation og forandring. For når vi har en dyb og brændende tro, kan vi opnå utrolige og livsændrende resultater. Når vi tror, begynder vores underbevidsthed at arbejde for os. Vores underbevidsthed er det kraftfulde og intuitive lag af vores sind, der påvirker vores tanker, følelser og adfærd. Det er her, vores kerneoverbevisninger og mønstre er lagret, og det er også her, transformation og forandring kan finde sted.

Troen er som nøglen til at åbne døren til vores underbevidsthed. Når vi har en stærk tro og sender klare signaler om vores ønsker og mål, begynder vores underbevidsthed at reagere og arbejde for at manifestere dem. Vores underbevidsthed lytter opmærksomt på, hvad vi tror på, og derefter arbejder den for at opfylde vores tro. Når vi bevidst visualiserer og ser resultatet for os, aktiverer vi vores kreative potentiale og sender en stærk energi til vores underbevidsthed. Dette kan komme til udtryk som indre motivation, ideer og intuition, der guider os på vores vej mod at nå vores mål.

Men vores underbevidsthed stopper ikke der. Denne kraftfulde del af vores sind sender også signaler til omverdenen. Vores tro og positivitet kan være smittende, og de kan påvirke andre mennesker og situationer omkring os. Når vi tror på os selv og vores evner, skinner dette gennem vores adfærd og interaktioner med andre. Det kan tiltrække støtte, ressourcer og muligheder for vores liv, der bidrager til at realisere vores ønsker.

Det er vigtigt at huske, at troen ikke er en passiv tilstand. Det handler om at handle i overensstemmelse med vores tro, og tage de nødvendige skridt for at opnå vores mål. Vores handlinger er et vigtigt supplement til vores tro, da de skaber momentum og åbner døre for nye muligheder.

Det er også vigtigt at erkende, at tro alene ikke fjerner alle udfordringer og forhindringer på vores vej. Men når vores tro er stærk, kan det give os styrke, tålmodighed og modstandskraft til at håndtere og overvinde livets udfordringer.

Så lad os omfavne og nære vores tro. Lad os bruge den som en vejledning og en kraftfuld ressource i vores liv. Ved at bevare en stærk tro og arbejde i harmoni med vores underbevidsthed kan vi skabe en positiv og meningsfuld virkelighed for os selv og dem omkring os.

Tro er meget mere end bare at tro på noget. Det handler om vedholdenhed, ikke at give op, men fortsætte, selv når vi fejler eller står over for modgang. Tro forstærker vores beslutsomhed og motiverer os til at fortsætte med vores mål, selvom det kan være svært eller udfordrende.

Tro er som en indre styrke, der hjælper os med at overvinde forhindringer og modgang. Når vi tror på os selv og vores evner, kan vi tage risici og kaste os ud i nye udfordringer med tillid og optimisme. Selv når tingene ikke går som planlagt, nægter troen at give op. Vi ser fejltagelser som læringsmuligheder og bruger dem til at vokse og udvikle os. Troen er også en kilde til inspiration og motivation. Når vi tror på, at vi er i stand til at opnå vores mål, bliver vi drevet af en indre ild, der hjælper os med at holde fast i vores vision og fortsætte mod succes. Vi ser hvert skridt og hver udfordring som en mulighed for vækst og udvikling.

Troen løfter os til næste niveau ved at udvide vores mentale og følelsesmæssige horisonter. Når vi tror på, at der er mere at opdage, mere at lære og mere potentiale at realisere, motiveres vi til at stræbe efter personlig og spirituel vækst. Vi er åbne overfor nye muligheder og er villige til at gå uden for vores komfortzone for at opnå vores drømme og ønsker.

Derfor er tro en essentiel ingrediens i vores rejse mod personlig udvikling og succes. Den styrker vores modstandskraft, forankrer os og hjælper os med at være standhaftige i vores stræben efter vores mål. Så lad os omfavne troens kraft og bruge den som brændstof til at nå nye højder i vores liv.

At tro kan have en lidt negativ ladning i Danmark, ofte bruger vi udtryk som »tror du at du er noget« eller »du skal ikke tro at du er bedre,« som en måde at nedgøre eller kritisere andre på.

Tro kan dog også have en positiv og styrkende betydning. Det handler om at have tillid til sig selv, sine evner og sine potentialer. At tro på sig selv er en vigtig del af at udvikle selvværd og selvtillid.

Selvfølgelig er det vigtigt at være realistisk og ikke overvurdere vores evner eller opføre os på en arrogant eller selvhævdende måde. Men at have en tro på, at vi har værdi og er i stand til at opnå vores mål, kan være en kraftfuld og en positiv drivkraft, der skaber en smuk attitude.

Tro kan fungere som en indre motivation, der hjælper os med at overvinde udfordringer og modstå tvivl eller negative stemmer – endda vores egen indre kritik. Når vi tror på os selv, er vi mere tilbøjelige til at sætte ambitiøse mål, bevare motivationen og arbejde hårdt for at opnå dem. Selvfølgelig er tro ikke altid nok, handling, beslutsomhed, fantasi og vedholdenhed er også vigtige ingredienser i at nå vores mål. Men tro kan være et vigtigt fundament, der støtter os gennem vores rejse.

Så ja, jeg tror på, at tro på sig selv og sine evner er vigtigt. Ved at have en sund og positiv tro på os selv kan vi opnå større selvværd, øge vores chancer for succes og skabe meningsfulde resultater i vores liv på alle planer.

Lad mig uddybe teksten yderligere for at præsentere, en dybere forståelse af betydningen af troen på os selv og dets skrøbelighed. Troen på os selv er afgørende for vores personlige udvikling og succes. Det er ikke kun noget, der kommer naturligt eller uundgåeligt; det er noget, vi aktivt skal pleje og nære. Ligesom enhver værdifuld ressource kræver troen på os selv tid, opmærksomhed og vedholdenhed for at vokse og styrkes.

Desværre er troen på os selv yderst følsom og kan blive nedgjort, eller undermineret på mange måder. Fra en tidlig alder kan vores forældre, som har en uundværlig indflydelse på os, ved en fejl eller med vilje nedgøre vores selvtillid. Vores venner kan af uheldige eller af misundelse så tvivl i os ved at sætte spørgsmålstegn ved vores evner. Lærere kan undervurdere vores potentiale og give os fornemmelsen af, at vi ikke er gode nok. Arbejdsrelationer kan være konkurrencepræget, og underminere vores tro på os selv gennem sammenligninger og negative feedback.

Det er dog vigtigt at forstå, at selvom vores tro på os selv kan blive udfordret, er den ikke uoprettelig skadet. Ligesom en diamant kan forekomme skrøbelig på grund af dens skarpe kanter og skrøbelige struktur, er troen på os selv også skrøbelig. Det betyder, at den kan blive såret eller svækket, men den kan også blive genoprettet og forstærket.

For at behandle vores tro på os selv som en diamant, er det først og fremmest nødvendigt at være opmærksom på vores selvopfattelse og den påvirkning, andre har på os. Vi skal omgive os med mennesker, der støtter og opmuntrer os, der tror på vores evner og hjælper os med at vokse. Samtidig skal vi være opmærksomme på, hvordan vi reagerer på andres ord og handlinger. Vi kan lære at filtrere eller ignorere negative kommentarer og i stedet fokusere på vores egne styrker og værdi.

At værdsætte og værne om vores tro på os selv, som en dyrebar juvel er en livslang proces. Det indebærer ikke kun at bevare vores tillid, men også at arbejde aktivt med vores selvværd og selvfølelse. Vi kan søge støtte fra terapeuter eller coacher, som kan hjælpe os med at genopbygge vores selvopfattelse og udvikle strategier til at styrke vores tro på os selv.

Ved at give vores tro på os selv den nødvendige pleje og opmærksomhed, kan vi skabe et grundlag for en autentisk og selvsikker tilgang til vores liv og udvikling. Lad os huske på, at vores tro på os selv er en uvurderlig ressource, der kan føre os til større glæde, succes, sundhed, helbred, kærlighed og tilfredshed med vores livsvej.

Vi kan ændre vores negative tro på os selv ved hjælp af affirmationer. Affirmationer er et fantastisk redskab, der virkelig nytter, og de kan være en kæmpe hjælp og støtte i vores rejse mod at opbygge en sundere og mere positiv tro på os selv. Affirmationer er positive erklæringer eller sætninger, som vi gentagne gange siger eller tænker for at ændre vores tankemønstre og overbevisninger. Ved aktivt at gentage positive affirmationer kan vi gradvist erstatte vores negative overbevisninger og tro på os selv med mere støttende og gavnlige tanker.

Når vi gentager affirmationer som f.eks. »Jeg er værdifuld og elsket,« »Jeg har evnerne til at opnå mine mål,« eller »Jeg tror på mig selv og mine potentiale,« sender vi positive budskaber til vores underbevidsthed. Dette hjælper os med at omprogrammere vores sind og skabe en dybere og mere positiv forståelse for vores egen værdi og evner. Vi skal være villige til at gentage dem regelmæssigt, igen og igen. Vi kan skabe en rutine omkring vores affirmationer ved at inkludere dem som en del af vores morgenrutine, gentage dem i løbet af dagen eller indarbejde dem i vores meditation eller mindfulnesspraksis. Jo mere vi gentager affirmationerne, desto mere vil de blive internaliseret og erstatte vores negative selvopfattelse.

Selvom det ikke er en quickfixløsning, kan brugen af affirmationer være en kraftfuld metode til at ændre vores tro på os selv. Det handler om at vælge at nære vores sind med positive tanker og erklæringer, der støtter vores vækst og udvikling.

Lad os huske på, at vores tro på os selv ikke er fastlåst eller uforanderlig. Med bevidst og vedholdende indsats kan vi ændre og forvandle vores negativitet til positivitet gennem brugen af affirmationer. Dette er en proces, der kræver tid og engagement, men belønningen i form af et sundere selvbillede og øget selvtillid er det hele værd. At skrive vores negative overbevisninger ned og brænde papiret som en symbolsk handling kan være en kraftfuld og terapeutisk proces. Det hjælper os med at anerkende og frigøre os fra vores negative tanker og overbevisninger og skabe plads til det positive.

Når vi fysisk brænder det nedskrevne papir, kan vi føle os symbolsk forløst fra de begrænsende tanker og overbevisninger, der holder os tilbage. Denne handling kan være meget befriende og give os mulighed for at gå videre og åbne op for nye og mere støttende tankeprocesser.

Det er også vigtigt at nævne, at fysisk handling kan være en kraftig form for manifestation. Når vi brænder papiret og tager afsked med vores negative overbevisninger, sender vi energi og intentioner ud i universet om at skabe plads til det positive i vores liv. Dette kan hjælpe os med at tiltrække nye og mere støttende tanker, tro og erfaringer.

Selvfølgelig er symbolske handlinger som denne ikke den eneste metode til at ændre vores tro på os selv eller arbejde med vores begrænsende overbevisninger. Det er vigtigt at kombinere dem med andre terapeutiske teknikker, som f.eks. meditation, selvrefleksion eller personlig udvikling.

Men hvis at brænde nedskrevne negative overbevisninger kan være en del af vores helingsproces, så er det bestemt en stærk og gavnlig handling. Det hjælper os med at give slip, skabe plads til det positive og åbne os for nye muligheder og transformationer.

Så hvis du føler behov for at tage afsked med dine negative overbevisninger på en konkret og symbolsk måde, kan du give dig selv tilladelse til at skrive dem ned og brænde papiret af. Når du gør det, vær opmærksom på følelsen af frigørelse, og tillad dig selv at åbne op for det positive og transformative i dit liv. Husk, at du fortjener at tro. Jeg besluttede mig for at arbejde med mine overbevisninger ved at brænde dem af! Jeg havde selv erfaring med at opleve forskellige overbevisninger, og nogle kom til syne, mens andre opstod undervejs. Overbevisninger var overalt, og det var vigtigt for mig at være opmærksom på dem og aktivt arbejde med dem for at udvikle en stærk tro på mig selv og skabe plads til alt det nye og smukke.

Jeg var modig nok til at erkende, at visse overbevisninger holdt mig tilbage, og det var et vigtigt skridt mod personlig vækst. Ved at være opmærksom og aktivt søge efter disse begrænsende overbevisninger kunne jeg begynde at udfordre dem og erstatte dem med mere positive og støttende tanker. Dette hjalp mig med at opbygge en sund og stærk tro på mig selv.

Det var en løbende proces, som i den grad tog tid, men værdifuld tid.

Overbevisninger kan dukke op på forskellige tidspunkter i vores liv, og afspejle vores individuelle erfaringer og mønstre. Men ved at være opmærksom på dem og aktivt arbejde med dem, handler det om at ændre vores tankeprocesser og styrke vores tro på os selv. Jeg øvede mig i at være opmærksom på mine overbevisninger og bruge forskellige metoder og teknikker til at arbejde med dem. Jeg var på rette vej, og jeg støttede mig selv i min rejse mod at udvikle en positiv og støttende tro på mig selv!

Jeg havde allerede taget det første skridt ved at erkende og arbejde med mine overbevisninger.

Vi må ikke glemme, at ikke alle overbevisninger er dårlige. Mange mennesker handler ud af uvidenhed snarere end ondskab. Mange mennesker ved simpelthen ikke, hvad de ikke ved, og de gør blot det, de har hørt, læst og lært. Vi kan derfor ikke beskylde andre for deres handlinger uden undtagelse.

Det er vigtigt at forstå, at vores overbevisninger ofte er resultatet af vores opvækstmiljø, kulturelle påvirkninger og alt det, vi er blevet eksponeret for. Nogle gange er vi ikke engang bevidste om, at vores overbevisninger kan være begrænsende eller skadelige, det er bare, hvad vi kender og tror på.

Derfor skal vi udvise forståelse og medfølelse, når vi kommer i kontakt med andres overbevisninger, selvom vi ikke er enige med dem. Det betyder ikke, at vi skal acceptere alt, hvad de siger eller gør, men vi skal anerkende, at de måske ikke er klar over konsekvenserne af deres handlinger. I stedet for at bebrejde eller beskylde andre for deres handlinger, kan vi vælge at være åbne for dialog og deling af vores perspektiver og erfaringer på en respektfuld måde. Ved at gøre dette kan vi bidrage til en dybere forståelse mellem mennesker og måske endda hjælpe med at udfordre og ændre nogle af de begrænsende overbevisninger, de måtte have.

Lad os derfor værdsætte, at ikke alle overbevisninger er ondskabsfulde, men snarere baseret på uvidenhed. Dette bør dog ikke forhindre os i at arbejde med vores egne overbevisninger, og stræbe efter at udvikle en mere åben og oplyst tilgang til livet.

Overbevisninger er ikke altid sjove. Faktisk kan de være hæmmende, belastende og krævende. De kan give os en følelse af uro, usikkerhed og endda mistro eller mistillid til os selv og andre. Det kan være ubehageligt at kigge vores overbevisninger i øjnene og se, hvordan de påvirker vores liv og beslutninger.

Men selvom det kan være vanskeligt og måske endda smertefuldt at arbejde med vores overbevisninger, er det nødvendigt. Ved at konfrontere dem og undersøge dem nærmere, giver vi os selv muligheden for at transformere vores liv på en dybtgående måde.

For at ændre vores overbevisninger skal vi først anerkende, at de eksisterer. Vi skal erkende, at de måske ikke tjener os godt og faktisk begrænser vores potentiale og livsglæde. Dette kan være en udfordrende proces, da vi skal konfrontere vores frygt og være åbne for at se vores egne negative mønstre og tanker.

Men når vi begynder at arbejde med vores overbevisninger, åbner vi op for muligheden for ægte forvandling. Vi kan erstatte de gamle, begrænsende overbevisninger med nye, støttende og opbyggende tanker og overbevisninger. Dette kræver øvelse, vedholdenhed og tålmodighed, men den livsforandrende effekt er det hele værd.

Ved at frigøre os fra de gamle overbevisninger kan vi opleve en dyb indre frihed og lade vores autentiske selv skinne igennem. Vi kan skabe en ny virkelighed baseret på positive overbevisninger, der støtter vores vækst, selvværd og selvtillid. Dette kan føre til øget selvkærlighed, selvaccept og en følelse af formål og mening i livet.

Så selvom det kan være svært og ubehageligt at arbejde med vores overbevisninger, så er det nødvendigt, vigtigt og livsforandrende. Det er en rejse mod at frigøre os selv fra begrænsninger og skabe et liv fyldt med glæde, frihed og autentisk udtryk. Ved at tage det første skridt, og vove os ud på denne rejse, åbner vi døren til en dybere forståelse af os selv og vores potentiale.

Det er vigtigt at huske, at ikke alle er klar over, hvad de gør, når de benytter sig af negative overbevisninger. Ikke alle overbevisninger er baseret på ondskab, men snarere på uvidenhed. Mange mennesker ved simpelthen ikke, hvad de ikke ved, og de handler ud fra, hvad de har hørt og lært. Vi kan derfor ikke altid beskylde andre for deres handlinger. Forståelsen af vores overbevisninger er ofte begrænset af vores opvækstmiljø, kulturelle påvirkninger og alt det, vi har lært. Nogle gange er vi slet ikke klar over, at vores overbevisninger kan være skadelige eller begrænsende – de er blot en del af vores forståelsesramme.

Derfor er det vigtigt at udvise forståelse og medfølelse, i stedet for at bebrejde eller beskylde.

Når vi tror, at vi ved hvad andre tror, handler dette i princippet om, at vi er i vores begrænsninger i det vante, det er her vi kender alt her er trygt, men dette er en illusion, for alt hvad vi forbinder med tryghed, er forbundet med angst. Når vi er i en komfortabel og tryg situation, kan vi føle os sikre og beskyttede. Men samtidig kan der også være en frygt for at forlade denne tryghedszone og udfordre os selv. Angsten kan komme fra bekymringen for det ukendte, frygten for fiasko eller bekymringen for at blive såret eller skuffet.

Men det er også vigtigt at huske, at vækst og udvikling ofte sker uden for vores komfortzone. Når vi udfordrer os selv, står over for frygt, og træder ud i det ukendte, kan vi opnå store ting og lære meget om os selv.

Når vi udvikler troen på os selv, tør vi være os selv og sige hvad vi mener. Vi bliver mere forbundet med vores indre følelser og tillader os selv at udtrykke dem. Vi bliver stærkere og i stand til at sige fra og sige til, når noget ikke er i overensstemmelse med vores værdier og behov.

Når vi har troen på os selv, ser vi, at vi kan udvikle alt hvad vi ønsker. Vi begynder at indse, at der ikke er nogen begrænsninger for os. Vi opdager vores potentiale og bliver mere villige til at stræbe efter vores mål og drømme. Vi frigør os fra de selvpålagte begrænsninger og åbner os for en verden af muligheder og vækst. Denne selvtro er afgørende for vores personlige udvikling og trivsel. Når vi tror på os selv, øger vi vores selvværd og selvtillid. Vi bliver modstandsdygtige over for kritik og modgang, og vi er i stand til at overvinde udfordringer og hindringer på vores vej. Vi begynder at træffe valg, der er i overensstemmelse med vores sande ønsker og behov, og vi føler os mere autentiske og tilfredse med os selv.

Så lad os fortsætte med at udvikle troen på os selv og erkende, at der er ingen begrænsninger for vores potentiale. Vi er i stand til at skabe, udvikle og opnå alt, hvad vores hjerte ønsker, når vi tror på os selv og tør at følge vores passioner. Vi kan skabe vores eget unikke og meningsfulde liv, hvor vi blomstrer og lykkes på vores egne præmisser.

Personligt deltog jeg selv i en podcast i denne uge, For bare seks måneder siden kunne jeg slet ikke forestille mig det. Tanken var fjern og irrelevant for mig. Jeg syntes ikke, jeg var i stand til at gøre det, og det virkede som noget, kun andre kunne. Jeg følte ikke at jeg var god nok til dette. Men nu, med min styrkede tro på mig selv, ved jeg, at jeg kan opnå alt, hvad jeg vil. Og jeg ønsker præcis det samme for dig. Jeg vil gerne opmuntre dig til at tro på dig selv og vide, at du også kan opnå alt, hvad dit hjerte begærer.

Det kan være let at falde i tanken om, at visse ting er forbeholdt andre mennesker – dem, der er mere talentfulde, interessante eller succesrige end os selv. Men det er vigtigt at huske på, at vores egen tro på os selv er afgørende for vores succes. Når vi tror på os selv, kan vi overvinde begrænsninger og realisere vores drømme.

værktøjer, der er gode til at styrke dig selv, er blandt andet vedholdenhed, at blive ved med at fortælle dig selv den historie, du ønsker at se og dagligt skrive det ned flere gange, tro er en sindstilstand som vi skaber i os selv, derfor er det vigtigt at dele det med mennesker og relationer der ønsker at forstå, hvilket er utrolig vigtigt, for dem der ikke forstå, vil automatisk komme med tusinde grunde til at det er noget pjat og det er kvaksalveri, og det er helt ok, for de forstår ikke og ønsker det måske heller ikke, så pas på dig selv og lad dem kalde det for mirakler, når de kan se dine resultaterne.

1. *Vedholdenhed:* Det handler om at fortsætte med dine bestræbelser og ikke give op, selvom der kan være udfordringer og modstand undervejs. Det tager tid og indsats at ændre gamle mønstre og skabe nye og positive vaner. Ved at være vedholdende og holde fast ved dine mål, vil du gradvist se fremgang og opnå de ønskede resultater.

2. *Positiv selvfortælling:* Det indebærer at gentage positive tanker og overbevisninger for dig selv, især når du står overfor negative situationer eller udfordringer. Ved at fortælle dig selv den historie, du ønsker at se, kan du ændre dit tankemønster og styrke din tro på dig selv og dine evner. Skriv dine positive tanker ned flere gange dagligt, så du forankrer dem dybt i dit sind.

*3. Tro som en sindstilstand:* Tro og tillid er vigtige aspekter i at skabe positive forandringer. Ved at tro på dig selv og være positivt indstillet, kan du motivere og inspirere dig selv til at tage handling og arbejde mod dine mål. Det er også vigtigt at omgive dig selv med mennesker og relationer, der ønsker at forstå og støtte dig. Del dine ambitioner og succeser med dem, der er åbne og positive, da det kan skabe en støttende og inspirerende atmosfære omkring dig.

*4. Pas på dig selv:* Det er vigtigt at tage vare på dit eget helbred og velvære. Lad ikke negative kommentarer eller manglende forståelse fra andre påvirke dig. Vær forsigtig med at investere din tid og energi i mennesker, der ikke ønsker at forstå eller er åbne for forandring. Hold fast ved dine egne overbevisninger og værdier og lad ikke deres tvivl eller negativitet påvirke dig. Du kan lade resultaterne tale for sig selv og lade dem se det som mirakler, når de ser de positive forandringer, du har opnået.

# Et græsstrå

Et græsstrå på min vej
tynget af regn
solen står op
græsset vil atter rejse sig

lad dig ikke tynge
af livets vej
men se de muligheder
der gemmer sig
en cyklus i bevægelse
er også dig

tillad, mærk og føl
og du vil forstå
hvert bump giver mulighed, for at så
så du vil opnå
dit ønskede drømmemål

accepter hvad der var
slip din bundethed
tillad dig at være
i nuets skønhed kære

Tro er modsætningen af frygt.

Tro skaber kærlighed, frygt skaber sorg.

Tro skaber stærke mennesker, frygt skaber svage mennesker.

Tro skaber styrke og vilje, frygt skaber svaghed og opgivenhed.

Tro skaber en smuk verden, frygt skaber krig.

Tro skaber tillid, frygt skaber mistillid.

Tro skaber kræfter og styrke, frygt skaber svagheder.

Tro skabte lys i pæren, frygt ville skabe mørke.

Tro skabte Henry Fords 8 cylinder motor, frygt skaber fiasko.

Tro skaber muligheder, frygt skaber begrænsninger.

Tro skaber ærlighed, frygt skaber løgne.

Tro skaber rigdom, frygt skaber fattigdom.

# KAPITEL 12

# Oprydning indefra

Min indre rejse og min udvikling gjorde, at jeg måtte kigge mig selv dybt i øjnene på flere områder, her kom min oprydning til at spille en stor rolle.

Indimellem er vores indre verden fyldt med en uendelig mængde tankemylder, overvældende følelser, smertefulde minder og komplekse situationer. Det er som om, vores indre liv har brug for en grundig oprydning, en nødvendig proces, hvor vi konfronterer og bearbejder alle disse elementer.

Denne rejse, som oprydning indefra, er en stor og betydningsfuld proces, som tager tid og dedikation. Det er en chance for at kigge dybt ind i vores indre verden og undersøge vores tankemønstre, de følelser, der styrer vores liv, de minder, der hjemsøger os, og de situationer, der har formet os.

Det er ikke en let opgave. Oprydning indefra er en rejse gennem vores dybeste sårbarheder og frygt. Vi skal være villige til at konfrontere vores skyggesider og tillade os selv at mærke vores smerte og ubehag. Men når vi tør dykke ned i vores indre kaos og udforske det med ærlighed og selvaccept, vil vi opdage en hidtil ukendt styrke og indsigt, der ligger gemt i os.

For at begynde oprydningen indefra kan det være nyttigt at skabe tid og rum til selvrefleksion. Tag dig tid til at lytte til de tanker og følelser, der opstår i dit sind og legemlige sansninger. Vær nysgerrig og åben over for det, der kommer op til overfladen. Tillad dig selv at føle og udtrykke det, der ønsker at blive set og hørt.

Vær nådig mod dig selv i denne proces. Accepter, at oprydning indefra ikke sker over natten. Det er en kontinuerlig praksis, der kræver tålmodighed og selvkærlighed. Vær modig for at slippe gamle mønstre og begrænsninger, der ikke længere tjener dig, og vær åben over for nye perspektiver og muligheder.

Selvom oprydningen indefra kan være udfordrende, vil du også opleve en dyb frihed og indre ro, når du begynder at give slip på det, der tynger dig ned. Du vil opdage, at det, der engang var kaos, bliver til klarhed, og det, der plejede at være frygt, bliver til styrke.

Ved at tage denne rejse mod indre healing og oprydning, vil du skabe plads til vækst og forvandling. Du vil opdage, at du har kraften til at skabe den version af dig selv, der er autentisk, strålende og levende.

Så kæreste, hvis du føler behovet for oprydning indefra, så lad denne tekst være en påmindelse om, at du har ressourcerne og styrken inden i dig til at tage denne rejse. Giv dig selv lov til at udforske og værdsætte dit indre landskab. Du er på vej mod en dybere forståelse af dig selv, og en mere autentisk og spændende oplevelse af livet.

I mange år har jeg arbejdet inden for en kreativ branche. Jeg har haft et kærlighedshadforhold til mit arbejde. På den ene side elskede jeg friheden og muligheden for at udtrykke mig gennem min kreativitet. Jeg nød at undervise, at være selvstændig og dekorere showrooms, der vidnede om min lidenskab for mit arbejde. Men på den anden side var der altid en indre uro og tvivl, der fulgte mig.

Jeg begyndte at erkende, at den særlige branche, jeg arbejdede i, ikke var en god pasform for mig. Jeg følte mig ikke tilpas, eller måske kunne man sige, at branchen ikke var god for mig, ja sådan ville vi typisk sige, branchen var ikke god for mig, men jeg ved at det var omvendt jeg har mit eget ansvar i mine egne hænder, det var ingen andres skyld, derfor indså jeg, at jeg måtte starte et sted i min oprydning.

Jeg besluttede at tage et skridt tilbage og reflektere over mine bevæggrunde og motivationer for at vælge denne branche.

Jeg stillede mig selv spørgsmål som: Hvorfor begyndte jeg overhovedet at arbejde indenfor dette område?

Hvad er vigtigst for mig i mit arbejde?

Jeg indså, at mit valg af arbejde ikke kun skulle baseres på, hvad samfundet eller andre mennesker forventede af mig. Jeg måtte lytte til min egen indre stemme og forstå mine dybeste ønsker og behov.

Jeg begyndte at gå på opdagelse i denne rejse med oprydning, indefra som også betød at slippe gamle overbevisninger og forventninger, der holdt mig tilbage. Jeg måtte give slip på den idé om, at succes kun blev defineret af prestige eller anerkendelse inden for en bestemt branche. Jeg begyndte at værdsætte min egen lykke og tilfredshed frem for ydre tegn på succes.

Det var ikke en let proces. Der var mange udfordringer og usikkerheder undervejs, men ved at tage det første skridt og være åben for forandring begyndte jeg at skabe en ny vej for mig selv.

Så kæreste, hvis du ligesom mig har oplevet et kærlighedshadforhold til dit arbejde og føler, at det er tid til en oprydning, så husk at det aldrig er for sent at starte et nyt kapitel. Lyt til din indre stemme og undersøg dine ægte ønsker og behov. Vær villig til at udforske alternative muligheder og give slip på begrænsende overbevisninger. Du fortjener at arbejde et sted, hvor du kan trives og udtrykke din kreativitet, på en måde, der er i overensstemmelse med dine dybeste værdier. Da jeg valgte at forlade branchen, valgte jeg også at forlade menneskene og hele den livsstil, der var forbundet med den. Det var en beslutning, der gav mig mere plads til at opdage nye ting og til at være mere i tråd med mig selv. Jeg begyndte at finde fred og ro i mine tanker og følelser, og kunne endelig frigøre mig fra de mange forventninger, der havde tynget mig.

Det var som om, at en tung byrde blev løftet fra mine skuldre. Jeg indså, at jeg ikke længere behøvede at leve op til andres forventninger eller prøve at passe ind i en bestemt form. Jeg kunne nu fokusere på mig selv og skabe plads til at udforske nye interesser og passioner.

Mere end nogensinde før følte jeg mig fri til at være mig selv og leve efter mine egne værdier og ambitioner. Der var ingen præstationskrav, der kunne betjene min glæde eller selvaccept. Jeg kunne forme mit liv og min karriere på mine egne betingelser.

Det var ikke altid let at komme dertil. Der var stunder, hvor jeg tvivlede på min beslutning og blev fristet af fortidens komfortzone. Men hver gang jeg stod over for sådanne udfordringer, blev jeg mindet om den indre fred og ro, jeg havde fundet. Jeg vidste, at jeg ikke kunne gå tilbage til et liv fyldt med forventninger og begrænsninger.

I stedet begyndte jeg at omfavne det ukendte og trådte ud af min komfortzone, for at udforske nye muligheder. Jeg opdagede, at der var så mange interessante veje, jeg kunne tage, og jeg behøvede ikke at begrænse mig selv. Mit sind blev mere åbent og modtageligt for nye oplevelser og udfordringer.

Jeg begyndte at sætte mine egne behov og ønskede først og fremmest at tage beslutninger baseret på, hvad der gav mig glæde og opfyldelse. Jeg indså, at det i sidste ende er det kun mig selv, der kan definere min egen succes og lykke.

Da jeg besluttede at tage kontrol over mit liv og skabe plads til forandring, gjorde jeg noget radikalt. Jeg slettede alle mine kontakter fra branchen på min telefon. Det kan virke drastisk, men jeg indså, at mange af disse kontakter ikke gavnede mig længere. De var forbundet med negativitet, sure miner og energidræn.

Ved at slette disse kontakter gav jeg mig selv mulighed for at starte på en frisk. Jeg fjernede mennesker, der ikke tilføjede værdi til mit liv, og som ikke støttede mig i mine mål og ambitioner. Det var en måde at skabe plads til positive og støttende relationer, der ville være til gavn for min personlige vækst og trivsel.

Jeg solgte også alt, hvad jeg ejede fra den tid i den branche. Jeg fandt ud af, at disse materielle ting kun holdt mig bundet til det gamle og begrænsede min frihed. Ved at give slip på alle disse ejendele følte jeg mig lettere og mere fri. Det var som om, at jeg befriede mig selv fra byrden af meget materielt gods, og åbnede op for en ny begyndelse.

Jeg gav også en masse væk. Den handling at komme af med det, jeg ikke længere havde brug for, var både frigørende og givende. Jeg kunne dele mine ressourcer med andre mennesker og opleve glæden ved at give. Det var også en måde at praktisere at give slip og frigøre mig fra tingenes greb.

Denne proces med at slippe af med kontakter, ejendele og materiel rigdom gav mig en utrolig frihed. Jeg blev befriet fra byrden af negativitet og gammel bagage. Jeg følte mig mere i harmoni med mig selv, og mere fri til at forme mit eget liv og mine egne valg.

Jeg fik mere plads til at udforske nye muligheder, møde nye mennesker og skabe min egen unikke vej. Jeg kom tættere på at finde den indre ro og tilfredshed, jeg altid har søgt efter.

Så kæreste, hvis du også føler dig begrænset af negative relationer eller materiel overflod, så overvej at tage det skridt og give slip. Frigør dig selv fra alt det, der ikke længere gavner dig, og åbn op for en ny begyndelse. Find glæden ved at give og skabe plads til frihed i dit liv.

Jeg begyndte at føle mig fanget i mine egne forventninger og præstationer. Hver gang jeg skulle skabe noget, blev det en kamp mellem mit indre kritiske jeg og mit ønske om at udtrykke mig frit. Jeg følte, at jeg mistede min autenticitet og passion i processen. Samtidig følte jeg en indre uro og konstant jagt efter anerkendelse og bekræftelse fra andre. Jeg troede, at hvis mine værker blev rost og anerkendt, ville jeg føle mig mere værdifuld og accepteret. Men uanset hvor mange roser jeg fik, var det aldrig nok. Den indre uro fortsatte med at vokse. Det var på dette tidspunkt, at jeg indså, at jeg var nødt til at rydde op indefra. Jeg var nødt til at se på mine dybeste overbevisninger og følelser omkring min kreativitet og mig selv. Jeg begyndte at stille mig selv spørgsmål som: Hvad er mit egentlige mål med min kreativitet? Hvad er vigtigst for mig – at skabe, for at imponere andre eller for at udtrykke mig selv?

Jeg begyndte også at dykke ned i mine tidligere oplevelser og mønstre, der kunne bidrage til min indre uro. Jeg opdagede, at nogle af mine tidligere erfaringer havde efterladt ar og overbevisninger om, at min værdi afhang af andres mening om mit arbejde.

Denne rejse med oprydning indefra var ikke nem. Den krævede mod og vilje til at konfrontere mine egne indre dæmoner og frygt. Jeg måtte forsigtigt kigge på mine stærkeste følelser af frygt, utilstrækkelighed og selv tvivl. Men ved at give mig selv plads til at føle og udtrykke disse følelser, fandt jeg indsigt og styrke, jeg ikke vidste, jeg havde.

Langsomt begyndte jeg at ændre mit perspektiv på min kreativitet. Jeg stoppede med at fokusere på andres meninger, og begyndte at sætte min egen autenticitet og glæde først. Jeg begyndte at skabe kunstværker, der vækkede en følelse af dyb tilfredshed og opfyldelse i mig selv, men kun hjemme hos mig selv i mit eget hjem. Jeg skulle lære at blomstre.

Jeg ønskede virkelig at skabe en forandring i mit liv, og det begyndte med en omfattende oprydning. Ikke kun i min profession, men også i mine tanker, vaner og attitude. Jeg indså, at der var en tydelig sammenhæng mellem disse områder, som jeg ønskede at bryde for at opnå den ønskede forvandling.

Jeg begyndte med mine tanker og overbevisninger. Jeg reflekterede over, hvilke af mine tanker der ikke tjente mig godt og holdt mig tilbage. Jeg opdagede nogle negative mønstre og begrænsende overbevisninger, som jeg besluttede at arbejde på at ændre. Det var ikke nemt, men det var absolut nødvendigt for at skabe en positiv forandring i mit liv.

Dernæst tog jeg fat på mine vaner. Jeg indså, at nogle af mine daglige vaner ikke tjente mine mål og værdier. Jeg identificerede dem, der holdt mig tilbage, og begyndte gradvist at erstatte dem med mere produktive og positive vaner. Det krævede disciplin og tålmodighed, men det var det hele værd.

Min attitude var også noget, jeg måtte arbejde på. Jeg havde tendens til at have en negativ og lukket tilgang til livet, hvilket ofte førte til mere stress og utilfredshed. Jeg tog en beslutning om at ændre min attitude til en mere positiv og åben holdning. Det var en daglig indsats, men jeg kunne mærke en forandring i mit sind og oplevelsen af livet som følge heraf.

Hele denne proces med at rydde op i mine tanker, vaner og attitude var ikke nem, men det var essentielt for min personlige vækst og trivsel. Jeg vidste, at det ville kræve tid og tålmodighed, men jeg var fast besluttet på at skabe en forandring, og skabe en mere harmonisk og tilfredsstillende tilværelse.

Så, kæreste, hvis du også føler, at der er behov for en oprydning i dit liv, vil jeg opmuntre dig til at begynde med dine tanker, vaner og attitude. Reflekter over, hvad der ikke længere tjener dig, og vær villig til at arbejde på at ændre det til noget mere positivt og givende.

Husk, at dette er en kontinuerlig proces, og det vil kræve tid og indsats. Men tro mig, det er absolut værd at arbejde på. Du vil opdage, at jo mere du frigiver negativitet og skaber positive ændringer, desto mere vil du opleve livet på en helt ny måde.

Støt dig selv og vær tålmodig under denne rejse. Du har allerede taget det første skridt ved blot at erkende behovet for forandring, og det er en fantastisk start. Jeg er sikker på, at du er i stand til at bryde den sammenhæng og skabe en mere givende tilværelse for dig selv.

Vi har alle potentialet til at skabe forandringer i vores liv, hvis vi virkelig ønsker det, er villige til at arbejde for det og kan se formålet med det. Det kan være en udfordrende rejse, men det er muligt, hvis vi er dedikerede og motiverede.

Først og fremmest skal vi virkelig ønske forandringen. Det kan være nyttigt at tage tid til at reflektere over, hvorfor vi vil gennemgå denne oprydningsproces og skabe forandring. Om det er for at opnå større trivsel, bevæge os i retning af vores mål eller finde mere glæde i livet, det er vigtigt at have et inderligt og oprigtigt ønske om forandring. For at skabe forandring er det også nødvendigt at være villig til at arbejde for det. Dette indebærer at tage aktive skridt til at ændre vores tanker, vaner og attitude. Det kan betyde at læse selvudviklingsbøger, søge professionel hjælp, deltage i kurser eller workshops eller finde støtte fra venner og familie. Det handler om at tage ansvar for vores egen udvikling og være villige til at lægge tid og energi i processen.

At kunne se et formål med forandringen er også vigtigt. Når vi har et klart formål og en meningsfuld vision for vores liv, giver det os motivation og retning i vores rejse mod forandring. Det hjælper os med at forstå, hvorfor vi gør de nødvendige ændringer og hvordan de vil påvirke vores liv positivt.

Vigtigst af alt skal vi huske, at dette er en personlig rejse, og vi går igennem den i vores eget tempo. Forandring tager tid, og det er vigtigt at være tålmodig og venlig overfor os selv undervejs. Der vil være gode og dårlige dage, succeser og tilbageslag, men det er en del af processen. Det vigtigste er at fortsætte med at arbejde på forandringen, selv når det er svært.

For mig var det en utrolig vigtig rejse, da jeg stræbte efter at opnå fuldkommen helbred i mit liv. Det var en rejse, der krævede vedholdenhed, styrke, viljestyrke, positivitet og fantasi for at kunne se mit mål og arbejde hen imod det.

Først og fremmest var vedholdenhed en afgørende faktor i min rejse mod fuldkommen sundhed. Der var øjeblikke, hvor jeg følte mig overvældet, udmattet eller fristet til at give op. Men jeg fortsatte med at presse mig selv og finde motivation til at fortsætte på trods af vanskelighederne. Jeg vidste, at forandring ikke ville ske over natten. Styrke og viljestyrke var også afgørende i min rejse. Der var udfordringer undervejs, og det var nødvendigt at være stærk både fysisk og mentalt for at overvinde dem. Jeg var nødt til at tage svære beslutninger, træffe sunde valg og håndtere eventuelle tilbageslag med beslutsomhed og vedvarenhed.

Positivitet spillede også en stor rolle i min rejse. Jeg indså at være negativ eller have en begrænset tro på mig selv, kun ville hindre min fremgang. Så jeg arbejdede med at kultivere en positiv tankegang og erstatte negative tanker med positive tanker. Dette hjalp mig med at opretholde motivationen og troen på, at jeg kunne nå mine helbredsmål. Fantasi var en meget vigtig del af min rejse. Jeg måtte kunne forestille mig det fuldkomne helbred for mig selv og tro på, at det var muligt. Ved at visualisere og skabe et mentalt billede af mit ønskede helbred, kunne jeg holde motivationen og glæden i live under hele processen.

Så, hvis du står over for en lignende rejse mod fuldkommment helbred, vil jeg opfordre dig til at omfavne vedholdenhed, styrke, viljestyrke, positivitet og fantasi. Tro på dine evner, og find måder at holde dig motiveret og fokuseret på dine mål. Vær tålmodig, da denne rejse vil have sine op og nedture, men hold fast ved dit formål og fortsæt bestræbelserne. Giv ikke op, husk på at små nederlag ikke er en fiasko, en fiasko er at give op. Stol på dig selv, skab din egen verden, dine egne lykkes frø.

I mit indre oprydningsforløb indså jeg, at det var afgørende at acceptere mine tidligere valg og beslutninger. Denne accept fungerede som en nøgle til at forstå de resultater, jeg havde opnået i mit liv og hjalp mig med at skabe ændringer. For at nå dette niveau af accept var jeg nødt til at dykke dybt ned i mig selv og være frontal ærlig over for mine handlinger og beslutninger.

Det at se mig selv i øjnene og være ærlig var ikke en let opgave. Det krævede mod og styrke at konfrontere mine fejl og mønstre, og det resulterede i en dyb selvrefleksion. Men netop denne ærlighed var afgørende for min indre oprydningsproces. Det gav mig mulighed for at indse, hvad der ikke fungerede, og hvilke områder af mit liv der krævede forandring.

Under denne rejse opdagede jeg, at kærlighed og tilgivelse var magtfulde redskaber. Jeg lærte at elske og acceptere mig selv, selv når jeg begik fejl eller tog dårlige beslutninger. Med oprigtig kærlighed i mit hjerte kunne jeg tilgive mig selv, og give slip på usunde skyldfølelser og selvkritik. Denne praksis var en daglig proces, hvor jeg kontinuerligt arbejdede på at slippe gamle sår og skabe indre fred og heling.

Men kærlighed og tilgivelse blev ikke kun rettet mod mig selv. Jeg kom også til at forstå, at tilgivelse var nødvendig over for mennesker, der havde såret mig gennem livet. Uanset om det var større eller mindre ting, indså jeg, at bære nag og vrede kun ville skade mig selv. Så jeg valgte at tilgive, ikke for deres skyld, men for at finde indre ro og fred. Denne handling befriede mig fra byrden af gamle uforløste følelser og gav plads til forsoning og helbredelse.

Min indre oprydningsproces var ikke en let rejse. Det krævede dyb selverkendelse, mod, styrke og en konstant praksis af ærlighed, kærlighed og tilgivelse. Men det var en rejse, der førte til en enorm indre transformation. Jeg har fundet fred og balance i mit sind og har lært at se min fortid, mine fejl og mine sår som læringsmuligheder, der har formet mig til den person, jeg er i dag.

Så hvis du også står over for en indre oprydningsrejse, vil jeg opfordre dig til at omfavne disse værdier af ærlighed, kærlighed og tilgivelse. Vær modig nok til at konfrontere dine fejl og mønstre, og vær venlig mod dig selv undervejs. Forstå, at tilgivelse ikke kun er for andres skyld, men også for din egen indre fred. Giv dig selv lov til at blive helet og vokse ved at omfavne hele spektret af dine oplevelser og beslutninger.

Med håb om indre fred og heling,


Måske tænker du, hvorfor skal jeg tilgive nogen, der har såret mig, gjort mig ondt eller behandlet mig dårligt? Jeg forstår det godt, for jeg har også været dér.

Det kan virke absurd at tilgive, når vi føler os såret og fuld af smerte. Men lad mig forsikre dig om, at hvis du vælger at tilgive, vil du finde en form for fred og indre styrke, som du ikke vidste, at du havde. Du vil finde en kærlighed i dig selv, der vil overstråle alt.

Tilgivelse er ikke en lettelse eller accept af den handling, der har såret dig. Det er heller ikke en undskyldning for den person, der har såret dig. Det er en gave, som du giver dig selv.

Ved at tilgive, bryder du de følelsesmæssige bånd, der holder dig fast i smerten. Du skaber rum til at vokse og blomstre. Det er et skridt mod at finde indre ro og frihed fra smertefulde minder og indre konflikter.

At tilgive handler ikke om den anden person, men om dig selv. Det handler om din egen heling og dit eget velvære. Når du tilgiver, slipper du byrden af bitterhed og vrede, der tynger dit hjerte. Du vælger at give slip på fortiden og skaber plads til kærlighed og glæde.

Det er ikke nemt at tilgive, og det tager tid. Men når du gør det, vil du opdage en dyb indre fred og kærlighed, der vil transformere dit liv. Du vil finde styrken til at undslippe offerrollen, og tage kontrol over din egen lykke.

Så lad os sammen vælge at tilgive dem, der har såret os – ikke for deres skyld, men for vores egen skyld. Lad os finde fred, indre styrke og kærlighed, vi ikke vidste, at vi havde.
Med kærlighed og håb.

Ordsprog som »mine skuldre er tunge« eller »min rygsæk er fyldt« kan betyde, at vi føler os overvældede eller belastede af byrder, vi bærer med os i vores dagligdag. Disse ordsprog kan afspejle den følelsesmæssige, mentale eller fysiske belastning, vi oplever.

Det er ofte nemt at forstå betydningen af sådanne ordsprog, men det kan være en udfordring at omsætte dem til handling. Det kan være fristende at acceptere, at tingene er som de er og fortsætte med at bære byrderne uden at gøre noget ved dem.

Det er dog vigtigt at forstå, at vi har magten til at ændre vores situation og lette byrderne, hvis vi vælger det. Accept er et vigtigt første skridt, da det hjælper os med at være ærlige om vores situation og vores følelser. Men det betyder ikke, at vi skal forblive passive og lade byrderne vokse sig større.

Vi kan aktivt arbejde på at lindre vores byrder ved at foretage ændringer i vores livsstil, vores tanker og vores forhold. Det kan indebære at søge hjælp og støtte fra venner, familie eller professionelle, at praktisere selvpleje og at tage ansvar for vores eget velbefindende. Det kan også indebære at være ærlig over for os selv og andre om vores grænser og behov, og at tage handling for at opnå balance og trivsel.

Så selvom vi kan forstå betydningen af ordsprogene om tunge skuldre og fyldte rygsække, er det vigtigt at huske, at vi har valget om at tage ansvar for vores byrder, og aktivt arbejde på at lette dem. Det handler om at finde balance og indre fred og give os selv mulighed for at frigøre os fra de byrder, der tynger os ned.

Så næste gang vi bruger disse ordsprog eller føler os overvældede af byrder, lad os huske på, at vi har kraften til at lette dem, og skabe en lettere og bæredygtig dagligdag.

Accept er et vigtigt første skridt, da det hjælper os med at være ærlige om vores situation og vores følelser. Men det betyder ikke, at vi skal forblive passive og lade byrderne vokse sig større. Når jeg rydder op, skaber jeg plads til nye idéer, positive handlinger, sunde vaner og gode relationer. Når tingene er fyldte og uorganiserede, har jeg svært ved at tænke klart og åbne mig for nye muligheder. Men når jeg fjerner det, der ikke længere er nødvendigt, skaber jeg klarhed og ro i mit sind.

Når jeg ryddede op, skabte jeg plads til nye idéer, positive handlinger, sunde vaner og gode relationer. Når tingene var fyldte og uorganiserede, havde jeg svært ved at tænke klart og åbne mig for nye muligheder. Når jeg fjernede det, der ikke længere var gavnligt, i processen med at rydde op i mit liv, var det også vigtigt for mig at tage vare på mine relationer. Når jeg frigjorde mig fra giftige mennesker eller dårlige relationer, skabte jeg plads til nye og mere givende venskaber. Det var vigtigt for mig at omgive mig med mennesker, der støttede min vækst og delte mine værdier.

Rydning handlede også om at give slip på gamle vaner, der ikke længere gavnede mig. Når jeg var bevidst om mine handlinger og tog ansvar for dem, kunne jeg udvikle sunde rutiner og vaner, der hjalp mig med at vokse som person. Ved at skabe rum til nye og positive forandringer kunne jeg opnå personlig vækst og trivsel. Det var vigtigt at huske, at rydning var en løbende proces. Det krævede tid og tålmodighed at skabe og opretholde et miljø, der støttede min trivsel og udvikling. Men ved at tage initiativ til at rydde op og frigøre plads i mit liv, åbnede jeg dørene for nye oplevelser og spændende muligheder.

Så lad os sammen tage skridt til at rydde op og skabe den plads, der er nødvendig for at vokse og trives. Ved at omfavne denne proces kan vi skabe en mere balanceret og berigende dagligdag.

»Fysisk« måtte jeg også rydde op. Jeg indså, at jeg havde lagt værdi i fuldstændig ligegyldige ting – ting, der bar på minder og oplevelser. Men det var en befrielse at komme af med alle disse unødvendige ting og skabe plads til det vigtige.

Til dig, kære læser, vil jeg udtrykke dette: Har du nogensinde følt, at du har for meget rod omkring dig? Måske har du samlet på ting, der har mistet deres betydning eller værdi? Jeg opfordrer dig til at overveje at rydde op i dit fysiske rum.

Når vi er omgivet af ting, der ikke længere betyder noget for os, kan det føles som om, at vi bærer en unødvendig byrde. Forestil dig at frigøre dig fra alle de ligegyldige ting, der optager plads i dit hjem. Tænk på, hvordan det vil bringe lettelse, ro og klarhed i dit sind.

Der er noget smukt ved at give slip på ting, der ikke længere tjener os. Vi skaber plads til det, der virkelig betyder noget – tid med vores kære, vigtige projekter og kostbare minder. Lad os befri os fra det overflødige for at kunne nyde det, der virkelig giver værdi i vores liv.

Så tag et kig rundt i dit hjem og overvej, hvilke ting der virkelig betyder noget for dig. Spørg dig selv, om du stadig har brug for dem eller om de blot fylder. Ved at give slip på dem vil du skabe plads til mere bevidsthed, frihed og glæde.

Tag skridtet mod en oprydning og meningsfuld tilværelse. skab plads i dit liv til det, der virkelig giver dig glæde og fred. »Ved at rydde op i vores fysiske rum giver vi os selv muligheden for at leve et lettere og mere autentisk liv.« Jeg kan med sikkerhed sige, at mit oprydningsarbejde har skabt plads i mit liv. Denne plads har givet mig mulighed for at være mere autentisk, skabe nye relationer og opdage nye sider af mig selv. Jeg har fået mulighed for at reflektere over mine meninger, opdage egen styrke og lære at elske mig selv. Det er en livsbog, jeg sidder og skriver lige nu, som vækker mine dybeste følelser og vigtigste budskaber til livet.

Jeg er dybt taknemmelig for den plads, jeg har skabt i mit liv. Uden den ville jeg ikke være, hvor jeg er i dag. Jeg ville ikke have fundet den indre fred og kærlighed, der driver mig til at skrive denne bog og dele mine erfaringer med dig.

At tilgive er ikke en lettelse eller accept af den handling, der har såret mig. Det handler heller ikke om at give den person, der skadede mig, en undskyldning. Det er faktisk en gave, jeg giver til mig selv.

Ved at tilgive, bryder jeg de følelsesmæssige bånd, der har holdt mig fanget i smerten. Jeg skaber plads til at vokse og udfolde mig. Det er et skridt mod at finde indre ro og frihed fra smertefulde minder og indre konflikter.

Når jeg vælger at tilgive, handler det ikke om den anden person, men om mig selv. Det handler om min egen heling og mit eget velvære. Ved at tilgive giver jeg slip på byrden af bitterhed og vrede, der har tynget mit hjerte. Jeg vælger at give slip på fortiden og skabe plads til kærlighed og glæde.

DERFOR er det så vigtigt.

Træf en bevidst beslutning om at tilgive. Dette handler om at give slip på bitterhed og vrede og åbne op for muligheden for at finde indre fred og styrke.

Tilgivelsesprocessen siger således, jeg tilgiver dig, jeg sender dig kærlighed, jeg ved, at du ved hvad du skal bruge den til. Gør dette hver dag til 13 personer ad gangen, når du kan mærke at dine tanker har givet slip, kan du fortsætte med de næste, noget tager længere tid end andet, men tro mig du vil opdage at det virker.

Giv slip og lad heling ske gradvist: Tillad dig selv at give slip på de negative følelser, du har holdt fast i. Forstå, at tilgivelse er en proces, der kræver tid og tålmodighed. Tillid til, at heling vil ske gradvist over tid.

Reflekterer over dine egne følelser og handlinger: Gå i dybden med dine egne følelser, tanker og handlinger i forbindelse med situationen. Dette kan hjælpe dig med at få en bedre forståelse af, hvordan det har påvirket dig og eventuelle mønstre.

*1. Fysisk oprydning:* Dette værktøj handler om at skabe orden i dit fysiske rum, da det kan have en indflydelse på dit mentale helbred. Start med at rydde op og organisere dine omgivelser. Dette kan hjælpe med at skabe ro og balance i sindet og reducere følelsen af frygt og overvældelse.

*2. Spørgsmål:* Stil dig selv spørgsmål om, hvor meget frygten gavner dig eller fylder i dit liv. Dette kan hjælpe dig med at få en klarere forståelse for, om frygten er berettiget eller om den begrænser dig unødvendigt. Undersøg også hvorfor du føler frygten og identificerer eventuelle mønstre eller tanker, der opretholder den. Ved at udfordre disse negative tanker og få indsigt i årsagen til din frygt, kan du arbejde mod at overvinde den.

*3. Find din egen kerne og værdier:* Dette indebærer at reflektere over, hvad der virkelig betyder noget for dig og skabe klarhed om dine egne værdier og prioriteringer. Når du er forbundet med dine kerneværdier, kan du træffe beslutninger, der er i overensstemmelse med dem og undgå at lade frygt for dine handlinger. At leve i overensstemmelse med dine værdier kan give dig en større følelse af mening, formål og indre tryghed.

*4. Affirmationer:* Affirmationer er positive, bekræftende udsagn, som du gentager for dig selv dagligt. De hjælper med at omprogrammere dit sind og erstatte negative tanker med positive overbevisninger. Eksempler på affirmationers udtryk kunne være »Jeg har fuld tillid til min krops evne til at helbrede sig selv« eller »Jeg har stærke og sunde immunforsvar.« Gentag disse affirma-

tioner gentagne gange med tro og tillid for at ændre dine tanker
og følelser om sygdom og frygt.

Husk, at disse værktøjer er individuelle, og det kan være en
god idé at eksperimentere med dem.

## Jeg er fri

Jeg forstår, jeg forstår, at jeg har frie tanker.
    Jeg ved, at ikke alle vil forstå.
Jeg accepterer, accepterer mine egne valg og andres valg.
Jeg tilgiver, tilgiver alle, der har såret mig.
Jeg forstår, at når jeg lever i smidighed og ikke forventer,
    at andre forstår, så får de ikke adgang til at såre mig.


Jeg forstår, at tage mit ansvar alvorligt.
Jeg ved, at bag hver udfordring gemmer sig en ny mulighed.
Jeg accepterer hvad der var, slipper forventninger og
    gør plads til nuet.
Jeg tilgiver dem, der ikke forstår.
Jeg forstår at nuet er noget jeg har skabt.
Jeg ved, at når jeg forstår, tilgiver og accepterer, at jeg er fri.

# KAPITEL 13

# Sundhuset

Da jeg begyndte at besøge Sundhuset, indså jeg, at vi får, hvad vi gør. På Sundhuset stræber vi efter at blive sunde ved at gøde vores krop, sind og sjæl. Vi ved, at vores sundhed og velvære afhænger af den indsats, vi lægger i at tage vare på os selv.

På samme måde som planter, der får den rigtige pleje og næring, vokser og blomstrer, forventer vi, at vores investering i vores sundhed vil have en positiv effekt på vores liv. Det er en enkel og kraftfuld idé. Ved at kalde det »Sundhuset« anerkender vi, at vi har mulighed for at skabe et miljø, der fremmer vores sundhed og velvære.

På Sundhuset bruger vi vores tid og ressourcer på at dyrke sunde vaner, motion, god ernæring og selvomsorg. Vi vælger at give næring til vores krop, sind og sjæl gennem positive handlinger og tanker. Vi ved, at denne investering vil føre til bedre fysisk og mental sundhed, øget energi og vitalitet.

Så når jeg skriver, at vi meget gerne skulle blive sunde af at komme til Sundhuset, så udtrykker jeg min tillid til, at den indsats, vi lægger i vores eget velvære, vil give positive resultater. Det handler om at tage ansvar for vores sundhed og skabe et godt miljø for trivsel.

Så lad os fortsætte med at besøge Sundhuset og fortsætte med at gøre vores bedste for at gøre os sunde. Vi ved, at vi kan opnå vores mål ved at fortsætte med at investere i vores sundhed og velvære.

Når jeg kalder sygehuset for Sundhuset, udtrykker jeg min overbevisning om, at den primære mission for sygehuset er at gøre folk sunde igen. Jeg ser sygehuset som et sted, hvor vi bliver behandlet og får den nødvendige pleje og medicinske hjælp, der kan hjælpe os med at genvinde vores helbred og blive sunde.

Det er en smuk og positiv tankegang, der fokuserer på håb og helbredelse. Ved at kalde det Sundhuset bekræfter jeg mit ønske om at bruge sygehuset som et middel til at opnå sundhed og trivsel.

Dette perspektiv med at anerkende den værdifulde del med at kalde det Sundhuset, og arbejde sammen om at opnå sundhed og holistisk velvære er det ultimative mål. Det er virkelig et stort ønske at se mennesket som en patient på en holistisk måde. At blive accepteret, lyttet til, og have tid og overskud til hver patient er essentielt for at kunne give den bedst mulige pleje og behandling.

Når sundhedspersonalet ser patienten som en hel person og ikke blot som en sygdom eller et symptom, åbner det muligheden for en mere dybdegående forståelse af deres behov og ønsker. Ved at have patienten i fokus kan man skræddersy plejen og behandlingen til den enkeltes unikke situation og dermed optimere deres mulighed for at opnå bedring og velvære.

At se det hele menneske betyder at anerkende, at vores fysiske, mentale, følelsesmæssige og åndelige velvære er forbundet. Det handler om at tage højde for patientens livsstil, sociale omstændigheder og personlige præferencer i behandlingsprocessen. På den måde kan vi støtte og vejlede patienten i at tage ansvar for deres eget helbred og trivsel.

Det er vigtigt, at sundhedspersonalet arbejder på at opfylde dette ønske om at se patienten holistisk. Det kan kræve en øget opmærksomhed på kommunikation, empati og respekt, sådan at patienten føler sig set, hørt og respekteret som et menneske med unikke behov og ønsker. Med dette ønske og stræbe efter at skabe et sundhedssystem, hvor patienten virkelig bliver set som et helt menneske. Hvor vi sammen kan skabe et miljø, hvor pleje og behandling er baseret på en holistisk tilgang og hvor patientens trivsel og helbred er i centrum, forbliver et ønske.

Jeg var virkelig begejstret for mit besøg på Sundhuset i min fantasi – i mine meditationer lukkede jeg mine øjne og så dette smukke system. Jeg dannede et mentalt billede af et sted fyldt med lys, harmoni og helbredelse. Det repræsenterede min intention om at opnå sundhed og trivsel.

Jeg fortsatte med at bruge denne form for mental træning og visualisering. Jeg så Sundhuset som en kilde til helbredelse, og det styrkede mit mål om at opnå bedre helbred og min tro på min egen helbredelse. Selvom Sundhuset kun eksisterede i min fantasi, vidste jeg, at mine tanker og overbevisninger havde en stærk indflydelse på mit velbefindende. Jeg fortsatte med at tænke positivt og håbefuldt på min helbredelses rejse, og jeg vidste, at det øgede mine chancer for at opnå de resultater, jeg ønskede.

Jeg var taknemmelig for denne smukke forestilling og for den støtte, den gav mig på min vej mod sundhed og trivsel. Jeg fortsatte med at åbne mine øjne for Sundhusets skønhed i min fantasi og lod det guide mig på min helbredelses rejse.

Jeg ønskede mig selv held og lykke med min fortsatte helbredelsesproces og glædede mig til de positive resultater, som jeg vidste, jeg kunne opnå.

Da jeg besøgte Sundhuset, valgte jeg at placere mig selv i et gyldent æg. Jeg så ægget som en beskyttende kuppel, hvor intet negativt eller ubehageligt kunne nå mig. Inde i dette æg var jeg fredfyldt og uforstyrret.

Jeg brugte ægget som et skjold, der tillod mig at filtrere de ord og handlinger, jeg blev udsat for. Hvis nogen sagde noget, der ikke stemte overens med mine mål eller ønsker, lod jeg det simpelthen glide ned ad æggets sider. På den måde bevarede jeg min indre ro og fokus.

Guldet repræsenterede for mig en høj vibrationsfrekvens og styrke. Det var som om, at ægget var lavet af rent guld, der tiltrak og forstærkede positivitet og vidunderlig energi. Jeg følte mig beskyttet og omgivet af en aura af lys og varme. Dette gyldne æg var min personlige helligdom i Sundhuset, hvor jeg kunne være i harmoni med mig selv og mine ønsker. Det gav mig mulighed for at skabe en stærk indre forbindelse og et sikkert rum for min helbredelsesproces. Jeg opdagede, at ved at bruge dette gyldne æg som symbol kunne jeg skabe ro og balance i mig selv.

Dette gyldne æg gav mig en følelse af styrke og overskud. Det gav mig mulighed for at tappe ind i en dybere følelse af selvkærlighed og tro på mig selv. Jeg følte mig adskilt fra de andre patienter, da jeg var i min egen lille boble, hvor der ingen begrænsninger var.

I denne klokke af beskyttelse og positivitet kunne jeg koncentrere mig om at arbejde på mit mål om helbredelse. Jeg følte mig opløftet og inspireret, da jeg mærkede, at jeg var på et helt andet niveau end de andre. Jeg var i stand til at være i harmoni med mine tanker, følelser og handlinger uden distraktioner udefra.

Inde i min egen klokke blev troen på mig selv og håbet om at nå mine mål styrket. Jeg følte, at der ikke var grænser for, hvad jeg kunne opnå. Det var en følelse af fuldkommen frihed og ubegrænset potentiale. Det var en fortryllende tilstand at være i, hvor alt virkede muligt.

Det gyldne æg fungerede som en beskyttende skal omkring mig. Alle de tunge ord, de negative øjne og den dårlige stemning fra de syge mennesker omkring mig blev afvist af æggets overflade. Selv sygdom, død og ødelæggelse kunne ikke trænge igennem. Jeg følte mig urørlig, og immun over for alt det negative.

Det var som om, at intet kunne berøre mig eller få mig til at føle mig dårlig. Jeg var i stand til at bevare min positive energi og bevare min indre balance, uanset hvilke udfordringer der var omkring mig. Jeg blev ikke påvirket af den omgivende sygdom og lidelse, og i stedet bevarede jeg min styrke og optimisme.

At være inde i dette gyldne æg gav mig en følelse af uovervindelighed og styrke. Jeg var skærmet fra alt negativt og kunne forblive i min egen højfrekvente tilstand af positiv energi og helbredelse.

Hvor har jeg det gyldne æg fra, jeg har været en del af Awareness Club med Anders Hansen og Rikke Hertz, og her omtalte Rikke ægget, dette tog jeg straks til mig.

Det gyldne æg kan være et uvurderligt redskab til at beskytte vores mentale og følelsesmæssige velvære. Det kræver ikke andet end vores fantasi og evne til at skabe en indre tilstand af ro og positivitet. Det giver os mulighed for at skabe vores eget beskyttede rum, hvor vi kan finde trøst, styrke og inspiration.

Det er bestemt en fantastisk oplevelse at være i dette gyldne æg, som en oase af positivitet og frihed. Det er et sted, hvor vi kan slippe for negativitet og begrænsninger og i stedet finde glæde, håb og tro på os selv. Det er en tilstand, som mange mennesker ville være taknemmelige for at kunne opleve.

Så hvis du nogensinde føler behov for at få styrke og finde en beskyttende tilflugt, så kan jeg helt sikkert anbefale dig at bruge det gyldne æg. Det kan være et kraftfuldt redskab til at forbedre dit velvære og bringe dig til et højere niveau af indre fred og lykke.

Uden det gyldne æg vil vi være mere modtagelige for tunge ord, negative påvirkninger og den dårlige stemning omkring os. Vi kan føle os mere sårbare over for sygdom, død og ødelæggelse. Uden en beskyttelse vil vi blive påvirket af den negative energi omkring os, og miste vores følelse af tryghed og indre balance.

Uden det gyldne æg kan vi blive overvældet af bekymringer, frygt og pessimisme. Vi kan miste vores evne til at blive optimistiske og bevare vores mentale og følelsesmæssige helbred. Uden denne beskyttende tilflugt kan vi blive mere påvirket af stress, angst og depression, og det kan være svært at bevare en positiv og sund tilstand.

Det gyldne æg fungerer som en slags beskyttende filter, der afviser det negative og tillader os at bevare en indre styrke og positivitet. Uden det kan vi blive mere sårbare og miste vores evne til at håndtere udfordringer og modgang. Så det er vigtigt at finde måder at skabe en beskyttende mental og følelsesmæssig tilstand, selvom vi ikke fysisk sidder i et guldæg. Uden det gyldne æg kan vi blive mere sårbare over for voldsomme oplevelser på et sygehus. Vi kan blive overvældet af smerte, lidelse og tragedie, som vi kan komme i kontakt med. Uden en beskyttelse vil vi blive drænet for energi og føle os følelsesmæssigt udmattede af de intense situationer, vi bliver udsat for.

På et sygehus kan der være intense følelser, stress og kaos, som kan påvirke os dybt. Uden det gyldne æg kan vi have svært ved at opretholde vores egen indre ro og balance. Vi kan blive grebet af angst, sorg og frygt, hvilket kan påvirke vores mentale og følelsesmæssige helbred negativt.

Selvom det kan være udfordrende at håndtere voldsomme oplevelser på et sygehus uden det gyldne æg, er det stadig muligt at finde støtte og opretholde vores mentale og følelsesmæssige velvære.

Når vi bliver syge, er det vigtigt at huske, at vores krop og sind kan blive mere følsomme og sårbare. Dette betyder, at vi kan blive mere modtagelige over for, hvad læger og sygeplejersker siger til os. Vi har måske følelserne uden på tøjet, hvilket betyder, at vi reagerer mere intensivt i pressede situationer. Det kan være svært for os at skelne mellem rationelle og irrationelle tanker, og vi kan hurtigt blive i tvivl og ængstelige.

Når frygten tager over, kan vi have svært ved at tænke klart og konstruktivt. Det er som om, at vores tanker bliver overskygget af vores bekymringer og ængstelse. Vi mister evnen til at vurdere og tænke objektivt, og det kan være svært at finde konstruktive løsninger på vores problemer.

For at håndtere disse følelser er det vigtigt at være opmærksom på vores reaktioner og forsøge at skabe balance i vores sind. Det kan være en god idé at søge støtte fra en pålidelig person, som kan hjælpe os med at fortolke og forstå informationen fra sundhedspersonalet på en mere objektiv måde. Det kan også være nyttigt at lave vores egen research og få en bedre forståelse af vores sygdom eller situation, så vi føler os mere informerede og trygge, husk det er fantastisk med research, men tænk først over hvad du ønsker at læse.

Udover dette kan selv forsorg og håndtering af stress være nyttigt for at berolige vores sind og genskabe klarhed. Dette kan inkludere aktiviteter som meditation, vejrtrækningsøvelser og afslapningsteknikker. Disse metoder kan hjælpe os med at finde indre ro og slippe af med frygt og angst, hvilket gør det lettere for os at tænke mere klart og konstruktivt. Det er vigtigt, at vi finder de strategier, der fungerer bedst for os selv, og at vi søger den nødvendige støtte for at bevare et konstruktivt og roligt mindset i pressede situationer. Vi skal være kærlige over for os selv og give os selv tid og rum til at håndtere vores følelser, samtidig med at vi arbejder på at bevare en klar og rationel tankegang.

Når vi er mere følsomme og modtagelige på grund af sygdom eller anden udfordrende situation, kan det være svært for os at skelne mellem rationelle og irrationelle tanker. Vi kan nemt blive påvirket af andres udtalelser, hvilket kan føre til en større autoritetstro. Dette betyder, at vi kan have en tendens til at stole mere på læger og sundhedspersonale, selvom vores egen intuition og viden også er værdifuld.

I disse situationer kan vi også opleve, at vi mister vores handlekraft og bliver handlingslammede. Vi kan føle os overvældede af frygt, angst og usikkerhed, hvilket kan gøre det svært for os at tænke klart og handle effektivt. Vi kan føle os fanget i vores følelser og opleve, at vores tankeprocesser bliver sløret.

Det er vigtigt at være opmærksom på disse reaktioner og forsøge at finde måder at håndtere dem på. Det kan være gavnligt at søge støtte fra en pålidelig person, som kan hjælpe os med at skabe balance og perspektiv. Det kan også være nyttigt at gøre vores egen research, så vi bliver bedre informerede og får en bedre forståelse af vores situation.

Samtidig er det vigtigt at implementere selvomsorg, teknikker og stresshåndtering strategier for at reducere følelsesmæssig reaktivitet og bevare en klar og rationel tankegang. Dette kan omfatte metoder som meditation, vejrtrækningsøvelser og afspændingsteknikker. Ved at tage disse skridt kan vi styrke vores evne til at tænke klart og handle på en mere konstruktiv og effektiv måde, også når vi er i pressede situationer.

Det er vigtigt, at vi bevarer vores egen handlekraft og ikke lader os presse eller overtale hverken læger eller vores familie.

Vi er eksperter på vores egen krop og mindset, og vi har ret til at træffe beslutninger, der føles rigtige for os.

Når vi står over for en sygdom eller en udfordrende situation, kan det være nyttigt at trække os tilbage og tage en pause. At give os selv tid og rum til at mærke efter og lytte til vores indre stemme kan hjælpe os med at finde den bedste vej frem. Dette kan betyde at vi skal stille spørgsmål til behandlingsmuligheder, søge anden læge eller specialist, eller endda vælge en alternativ behandlingsform, der passer bedre til vores behov.

Vi har ret til at udtrykke vores ønsker og bekymringer, og det er vigtigt at huske på, at sundhedsvæsenet er der for at hjælpe os, ikke for at diktere vores beslutninger. Det er vores krop og vores liv, og vi har ret til at være medbestemmende i vores egen helbredelsesproces.

Så det er absolut okay at trække sig tilbage, tage en pause og mærke efter, inden vi træffer beslutninger. Vi skal lytte til vores indre visdom og tage valg, der føles rigtige for os. Ved at bevare denne handlekraft kan vi aktivt deltage i vores helbredelse, rejse og sikre, at vores behov og ønsker bliver respekteret.

Jeg vælger at se det som, at de ikke ved bedre, ikke forstår. De arbejder alle i hamsterhjulet fra morgen til aften, der er nogle klare retningslinjer de skal forholde sig til og det forsøger de alle på allerbedste vis. En stor forvirring hvor alle render rundt og leder efter huller i osten, og er der en med en anden mening, er der ikke tid til at blive hørt eller set. Jeg er taknemmelig for, at jeg ikke tillader mig selv at arbejde under disse forudsætninger, og at jeg står på den anden side af hamsterhjulet.

Værktøjer, der kan være nyttige for at beskytte dig selv i sygehus-væsenet, er »Det gyldne æg« og visualiserende meditation. Her er nogle detaljer om, hvordan du kan bruge disse værktøjer:

1. *Det gyldne æg:* Dette er en beskyttelses øvelse, hvor du fore-stiller dig, at du indhyller dig selv i et gyldent, beskyttende æg. Tilslut opret dit energifelt og forestil dig et stærkt, gyldent skjold omkring dig, der holder enhver negativ energi eller påvirkning væk. Dette kan hjælpe dig med at skabe og opretholde en stærk energisk grænse og beskytte dig mod eventuelle negative påvirk-ninger, mens du er i sygehusmiljøet.

2. *Visualiserende meditation:* Dette involverer at bruge guidede meditationsteknikker til at forestille dig og skabe en positiv og beskyttende situation for dig selv. Du kan bruge mindfulness el-ler guidede meditationer til at visualisere, hvordan dit besøg på sygehuset foregår problemfrit og positivt. Du kan visualisere det personale, du møder, som værende venlige og hjælpsomme, og situationen som er afslappet og helbredende. Dette kan hjælpe dig med at skabe en positiv forventning og fremme en følelse af ro og tryghed.

3. *Pak dig selv ind* i et usynligt tæppe fyldt med omsorg og kær-lighed, så det bliver et dejligt og trygt sted at være.

Disse værktøjer kan være nyttige til at skabe en følelse af beskyt-telse og tryghed, når du er i sygehusmiljøet. Prøv at eksperimen-tere med dem og se, hvad der fungerer bedst for dig. Du kan også overveje at tale med sundhedspersonale eller rådføre dig med en terapeut for yderligere støtte og vejledning i at beskytte dig selv i sygehusvæsenet. Husk, at dit helbred og velvære er vigtig, og det

er vigtigt at tage et skridt til at beskytte dig selv under dit ophold
på sygehuset.

## Respekt for livets vej

Skridt for skridt
sætter jeg fødderne på min vej
skridt for skridt
tillader jeg min nye vej

i tillid og stilhed lytter jeg
åbner op mit indre jeg
i tillid til dig
vejen vil vise mig, hvilken vej

en vej med tillid og tro
vil lade det gamle ligge i ro
den nye vej rejser sig
i taknemlighed til dig

den vil vise mig veje
jeg ikke har set
mine fødder jeg sætter
med fuld respekt

respekt for livets veje
og læring til at forstå
i tillid må lade os eje
for at, livets vej forstå

# KAPITEL 14

# Systemet og jeg

Systemet og jeg er nok ikke den bedste cocktail.

Et system, der gerne vil komme folk i kasser og udstyre dem med et nummer, for at de selv er klar over hvem og hvad man er, er for sådan en person som jeg har svært ved at hamle op med.

Min generelle holdning er, at jeg slet ikke forstår, hvorfor vi skal passe ned i kasser, hvorfor der ikke er plads til individet, vi lever i 2023 og jeg føler at vi får mere og mere behov for kasser og bogstaver. I dag findes der nærmest ikke en familie uden bogstaver, det er frygteligt at tænke på.

Frygteligt at tænke på at bogstaver fortæller noget om os, eller rettere fortæller noget om systemet.

Det danske velfærdssystem er kendt for at være et af de mest omfattende og velfungerende i verden. Det er baseret på principperne om solidaritet, lighed, og beskyttelse af borgernes velfærd.

Velfærdssystemet i Danmark sikrer, at alle borgere har adgang til vigtige velfærdsgoder som sundhedsydelser, uddannelse, social sikring, og andre velfærdsydelser. Dette er muligt på grund af høje skatter og afgifter, der finansierer velfærdsprogrammerne.

Systemet er bygget på en social kompakt mellem staten og borgerne, hvor staten påtager sig ansvaret for at levere disse grundlæggende velfærdsydelser, og borgerne bidrager via deres skatter og afgifter.

Velfærdsstaten i Danmark har til formål at sikre lige muligheder og et rimeligt velfærdsniveau for alle borgere, uanset deres socioøkonomiske baggrund. Det giver et socialt sikkerhedsnet, der hjælper folk i nød og understøtter dem i at opnå en god livskvalitet.

Selvom intet system er perfekt, er det danske velfærdssystem blevet anerkendt for sin succes i at opretholde et højt velfærdsniveau for borgerne, og sikre en vis grad af social lighed. Det er et resultat af mange års politisk og samfundsmæssig udvikling og er fortsat genstand for konstant evaluering og forbedring.

Nej, det danske velfærdssystem er ikke bygget på at få mennesker til at passe ned i bogstaver. Det sigter i stedet mod at sikre, at alle borgere har lige muligheder og adgang til vigtige velfærdsgoder.

Det danske velfærdssystem er baseret på en idé om, at alle borgere skal have adgang til grundlæggende velfærdsydelser uanset deres baggrund. Det er ikke begrænset til bestemte bogstaver eller kategorier af mennesker, men er designet til at omfatte alle i samfundet. Systemet søger at sikre, at borgere modtager støtte og hjælp baseret på deres individuelle behov og ikke deres sociale status eller andre faktorer. Det fokuserer på lighed og solidaritet, hvor alle bidrager til systemet gennem skatter og afgifter, og alle har ret til at modtage velfærdsgoder baseret på deres behov.

Det danske velfærdssystem har til formål at give et sikkerhedsnet og muligheder for alle borgere, uanset deres individuelle forskelligheder. Det er en måde at sikre, at alle har mulighed for at leve et ordentligt liv og få adgang til nødvendige velfærdsgoder som uddannelse, sundhedsydelser og social sikring. Så det handler ikke om at få mennesker til at passe ned i bogstaver, men snarere om at sikre lighed og retfærdighed for alle.

Jeg er personligt stolt over at være født i Danmark. Jeg er ikke en type, der ønsker at passe ned i en kasse eller få sat et bogstav på ryggen. Jeg er af den overbevisning, at alle mennesker har hver sin udfordring med eller uden bogstav.

Jeg kunne godt ønske mig, at der var et bedre samarbejde og en bedre kommunikation, også når vi taler om sundhedssystemet. At en bedre kommunikation i sundhedssystemet kan have mange fordele. Når det kommer til sundhed, er det vigtigt at have klare og effektive kommunikationskanaler på tværs af forskellige sundhedsprofessionelle, herunder læger, sygeplejersker, specialister og administrative medarbejdere. En forbedret kommunikation kan føre til bedre koordination og samarbejde mellem sundhedspersonale og andre sundhedsaktører. Dette kunne resultere i bedre og mere effektive behandlinger, mindre fejl og forsinkelser, og en mere tilfredsstillende patientoplevelse.

En mere effektiv kommunikation kunne også bidrage til en mere sammenhængende og helhedsorienteret behandlingsplan, hvor patientens behov og ønsker bliver taget i betragtning. Ved at forbedre dialogen mellem sundhedspersonale og patienter, kan der opnås en bedre forståelse af individuelle helbreds udfordringer og præferencer. Derudover kan en bedre kommunikation i sundhedssystemet også hjælpe med at forbedre informationsdeling, herunder elektronisk sundhedsjournal og medicinadministration, hvilket kan reducere fejl og forbedre samarbejdet på tværs af forskellige afdelinger og institutioner.

En bedre dialog i sundhedssystemet er afgørende for at skabe tryghed og tillid hos patienterne. Når patienter føler sig sete og hørt af sundhedspersonalet, kan det have en positiv indvirkning på deres overordnede oplevelse af behandlingen og deres tillid til sundhedssystemet som helhed. En effektiv dialog mellem patient og sundhedspersonale er vigtig for at sikre, at patienten føler sig respekteret og involveret i beslutninger om deres egen pleje og behandling. Det indebærer at lytte aktivt til patientens bekymringer, behov og præferencer og besvare eventuelle spørgsmål eller tvivl, du måtte have.

En god dialog kan også hjælpe med at sikre, at patienten har en klar forståelse af deres diagnose, behandlingsmuligheder og det forventede forløb. Dette kan hjælpe dem med at træffe informerede beslutninger om deres helbred, og føle sig mere involverede i deres egen behandling.

Desuden kan en bedre dialog også bidrage til at forbedre kommunikationen mellem sundhedspersonalet selv. Når forskellige sundhedsaktører kommunikerer effektivt og deler relevante oplysninger om en patients tilstand, kan det reducere risikoen for fejl, forbedre behandlingsforløbet og sikre sømløs koordination af pleje. Det er vigtigt at understrege, at en bedre dialog kræver engagement og lydhørhed fra både sundhedspersonalet og patienten. Sundhedspersonalet skal være opmærksomme på at skabe et mere åbent og støttende kommunikationsmiljø, og give patienten tid og plads til at udtrykke deres bekymringer og spørgsmål. På samme måde skal patienten føle sig tryg ved at udtrykke deres behov og være åben for at stille spørgsmål.

Konkluderende kan en bedre dialog i sundhedssystemet bidrage til at skabe en mere tillidsfuld og tilfredsstillende oplevelse for patienten. Det hjælper med at sikre, at patienterne føler sig sete, hørte og værdsatte, og at deres individuelle behov og præferencer bliver taget i betragtning.

En bedre dialog i sundhedssystemet kan bestemt bidrage til en mere holistisk tilgang til pleje og behandling. En holistisk tilgang betyder at tage hensyn til alle aspekter af en persons helbred, herunder fysisk, mental, følelsesmæssig, social og åndelig velvære.

En bedre dialog mellem sundhedspersonale og patienter kan give mulighed for en mere dybdegående og omfattende forståelse af en patients behov og udfordringer. Ved at lytte aktivt og indgå i ægte kommunikation kan sundhedspersonalet få et helhedsbillede af patienten, hvilket kan lede til mere målrettede og personaliserede behandlingsplaner.

En holistisk tilgang involverer også at inddrage patienten som en aktiv deltager i deres eget helbred. En bedre dialog kan hjælpe med at styrke patientens ejerskab over deres helbred ved at opmuntre til egenomsorg, sund livsstil og beslutninger om behandlingsmuligheder. Det kan også hjælpe med at identificere sociale, følelsesmæssige eller åndelige faktorer, der kan påvirke en patients helbred og trivsel.

Desuden kan en holistisk tilgang også involvere samarbejde

og kommunikation på tværs af forskellige sundhedsprofessionelle og sundhedsaktører. Ved at etablere en bedre dialog og informationsdeling mellem læger, sygeplejersker, specialister og andre involverede, kan der opnås en mere integreret og sammensat tilgang til behandlingen. Dette hjælper med at sikre koordination og kontinuitet i plejen og minimere fragmenteringen af helbreds indsatser.

Kort sagt kan en bedre dialog i sundhedssystemet styrke den holistiske tilgang til pleje ved at tage hensyn til alle aspekter af en patients helbred, inddrage patienten som en aktiv deltager og fremme samarbejde mellem sundhedspersonale. Dette kan bidrage til bedre resultater, og en mere tilfredsstillende oplevelse for patienter.

Ikke alene det, men patienten vil også føle sig vigtig og hørt og dermed have et behov for at tage aktivt del i hvilket som helst forløb det nu måtte være.

Jeg tror på, at alle mennesker ønsker at tage ansvar for deres eget liv og være aktivt deltagende.

Men dette kan være ganske svært, så længe vi som patienter i Danmark ikke bliver set ud fra et holistisk synspunkt, det er min egen holdning til, hvordan jeg synes at systemet kunne fungere endnu bedre. Jeg er også sikker på at patienter ville komme meget hurtigere på benene igen, det ville spare utrolig mange ressourcer.

Det danske sundhedssystem, også kendt som Det Offentlige Sundhedsvæsen eller Det Danske Sundhedsvæsen, kan spores tilbage til begyndelsen af det 19. århundrede. Sundhedssystemet har gennemgået betydelige ændringer og udvikling over tid. I 1810 blev C.C. Hope, indført som den første offentlige praktiserende læge i Danmark. Dette anses for at være begyndelsen på et mere struktureret sundhedssystem i landet. I de følgende årtier blev der etableret flere sygehuse og sundhedsklinikker rundt omkring i landet.

Den egentlige organisatoriske ramme for det danske sundhedssystem blev først indført med »Reformen Sygehusloven« i 1885, som etablerede en samlet struktur for sygehusvæsenet. Siden da er der sket flere reformer for at tilpasse og forbedre systemets funktion og tilgængelighed. En afgørende reform var indførelsen af Den Nationale Sundhedslov i 1970'erne, der lagde fundamentet for det danske sundhedssystem, som vi kender det i dag. Denne lov fastsætter, at alle borgere i Danmark har ret til gratis adgang til offentlig sundhedspleje.

I de følgende årtier er der blevet indført yderligere reformer for at modernisere og forbedre sundhedssystemet. Dette inkluderer eksempelvis indførelsen af sundhedsaftaler (2012), som har til formål at sikre en mere effektiv og sammenhængende indsats på tværs af sektorer og specialer.

Det danske sundhedssystem er fortsat under konstant udvikling for at imødekomme de aktuelle og fremtidige udfordringer inden for sundhedsvæsenet. Formålet er at sikre universel adgang til kvalitetspleje, effektiv ressourceudnyttelse og patientcentreret behandling for alle borgere i Danmark.

Sundhedsplatformen blev lanceret i Region Hovedstaden i Danmark i november 2015. Det er et elektronisk patientjournal og sundhedsinformatik system, der blev udviklet for at samle og integrere patientinformation, på tværs af sygehuse og sundhedsvæsenet i regionen. Formålet med Sundhedsplatformen er at forbedre kvaliteten og sikkerheden i patientbehandlingen, samt at optimere samarbejdet og informationsdelingen mellem sundhedspersonale. Siden lanceringen har systemet også været implementeret i andre regioner i Danmark.

At kigge tilbage til 2015 og vide at der startede sundhedsplatformen, i dag har vi 2023 og vi kigger stadigvæk på, hvordan vi teknisk kan løse det bedst. Jeg forstår, at sundhedsplatformen er et fantastisk redskab til journalføring og patientoplysninger, store dele er blevet meget lettere med denne tilgang. Men hele det menneskelige aspekt er forsvundet endnu mere væk i teknikken. Selv når der er personlig vejledning på sygehusene, bliver forbehold og bivirkninger læst op fra en computer eller en brochure.

Jeg glemmer aldrig, da jeg blev præsenteret for disse brochurer. Først havde jeg fået en diagnose, som var livstruende, få sekunder efter blev jeg præsenteret for de behandlingsmuligheder, som den respektive læge mente der var. VÆRSGO', her kunne det være en smuk handling, hvis vi havde et system med en holistisk tilgang.

Da jeg mødte op hos egen læge, var jeg utrolig heldig, jeg følte mig hørt, om jeg blev det, aner jeg ikke, men jeg havde den følelse. Kan man overhovedet forestille sig noget vigtigere end at føle sig hørt?

Da jeg valgte noget af den konventionelle behandling fra, blev jeg også valgt fra. jeg så aldrig den samme læge igen, sjovt nok var der faktisk en læge der foreslog mig en anden behandling end den første læge, det gav mig endnu mere stof til eftertanke. Jeg er stolt og taknemmelig over at være mig, at have ben i næsen som det gamle ordsprog siger.

Når man siger, at man »har ben i næsen«, betyder det, at man selv er en person, der er meget målrettet og handlekraftig. Det betyder, at du er effektiv til at tage initiativ, handle hurtigt og ikke lade dig distrahere eller standse af forhindringer eller modstand. Du er beslutsom og målrettet i dine handlinger, hvilket gør dig i stand til at opnå dine mål på en effektiv og effektiv måde.

At have ben i næsen betyder også, at du er disciplineret og fokuseret. Du er ikke bange for at tage ansvar og træffe beslutninger, og du er ikke bange for at håndtere udfordringer eller modstand. Du er i stand til at bevare roen og finde løsninger, selv når tingene bliver svære.

Generelt set er det en meget positiv egenskab at have ben i næsen, da det betyder, at du har evnen til at være selvstændig og effektiv i dine handlinger. Du er i stand til at håndtere stress og pres, hermed opnå succes på både personligt og professionelt niveau. At have ben i næsen er en styrke, der kan hjælpe dig med at nå dine mål og blive en succesfuld og handlekraftig person, sådan er jeg.

Men hvad med alle dem der ikke har ben i næsen, bliver de overhalet indenom med 180 km i timen?

Hvor er de mennesker?

Hvem tager sig af dem?

Ikke at have ben i næsen i det danske system, er som at blive frataget retten for, at gå på toilet med lukket dør.

Jeg husker tydeligt en situation fra stråleafdelingen, hvor en patient blev talt til i venteværelset, som om han var den eneste, der var der, han stoppede ikke sygeplejersken hun overhalede ham fuldstændig med alt, hvad han nu skulle, VI KUNNE ALLE HØRE DET, jeg sad med krøllede tæer i mine sandaler, et øjeblik overvejede jeg om jeg skulle rejse mig, og bede hende overholde diskretionsreglerne for alles skyld.

Fortrolighed: Det betyder at holde fortrolig information privat og kun dele den med de personer, der er autoriserede til at modtage den.

Fortrolig information bør kun være tilgængelig for dem, der har brug for den for at udføre deres opgaver, og kun i det omfang det er nødvendigt.

Et adfærdskodeks kan fastsætte et sæt standarder for, hvordan man skal håndtere og beskytte fortrolig information, herunder ikke at diskutere informationen uden for arbejdsmæssige eller legitime formål.

Jeg var dybt chokeret, og tænkte »stakkels person«. Jeg havde mange oplevelser, de fleste har jeg bearbejdet igennem mine værktøjer, heldigvis havde jeg givet mig selv lov til at have denne mulighed.

Det er chokerende grænseoverskridende og en forvrængning af, hvordan vi mener, vi kan tillade os at behandle hinanden.

I mine papirer stod der at fysioterapi ikke kunne hjælpe, dette udsagn kom fra den første læge, som ønskede at give mig livsforlængende kemoterapi, hvilket jeg valgte fra.

Heldigvis lykkedes det mig alligevel at få bevilget nogle behandlinger, en ganske sød fysioterapeut, der hver dag står op til det samme arbejde og lever i et hamsterhjul. Jeg var udmærket godt klar over at det bedste var blot at følge de anvisninger jeg blev givet, for det var inden for de rammer, der blev arbejdet. Endnu en faglig person der var fanget i regler og ikke turde kigge på den anden side. efter 10 behandlinger, der havde foregået fuldkommen ens hver gang, sagde jeg selv stop og tak for denne gang, vedkommende havde hjulpet mig så godt det var muligt, ud fra de forudsætninger og begrænsninger der var. Heldigvis stødte jeg en dag ind i en osteopat, hun kiggede på mig med hovedet på skrå og et løftet øjenbryn, hvorefter hun udbrød » jamen  gud, sådan skal ingen da gå rundt og have det« jeg fik 3 behandlinger hos hende og det kan på ingen måder sammenlignes, det var en fantastisk følelse af, først at blive kigget på og undersøgt, for derefter blive behandlet. At blive set som et helt menneske giver muligheden for at blive et helt menneske.

Desværre er der ikke den indstilling til behandlinger de fleste steder i det danske samfund, hvilket gør at mange ikke føler sig forstået, set og hørt.

Det er desværre en udbredt følelse, at mange patienter kan føle sig som et nummer i behandlingssystemet. Når mange patienter får de samme standardtilbud, kan det føre til misforståelser og manglende følelse af tryghed. Når behandlingstilbud er ensartede og ikke tager højde for den individuelle situation og behov, kan det være svært for patienter at føle sig set og hørt. Det kan skabe frustration og manglende tillid til behandlingssystemet.

Det er vigtigt at huske, at hver enkelt person er unik, og derfor kan der være behov for forskellige typer behandling. En mere individuel tilgang, hvor der tages højde for den enkelte patients unikke behov og ønsker, kan være med til at skabe større tryghed og tillid til behandlingen. En mere personcentreret tilgang til behandling kan bidrage til at skabe en mere meningsfuld og tilpasset behandlingsproces. Dette kan omfatte en grundig dialog mellem behandler og patient for at forstå patientens ønsker, behov og mål. Ligeledes kan det indebære en større fleksibilitet i form af tilpassede behandlingsplaner og mulighed for at deltage aktivt i beslutningsprocessen.

Ved at tage den individuelle situation og behov i betragtning kan behandleren bedre forstå og imødekomme den enkelte patients unikke behov. Dette kan bidrage til en mere tillidsfuld og tryg behandling oplevelse, hvor patienten føler sig set, hørt og respekteret. Det er vigtigt, at vi der er patienter, kommunikerer bekymringer og ønsker til behandlerne eller sundhedspersonale. Ved at åbne en dialog kan man måske sammen finde frem til mere individualiserede behandling løsninger, der skaber større tryghed og tilfredshed.

Det er desværre sandt, at det kan være svært at kommunikere med sygehuspersonalet, da de ofte er bundet af et system og en behandlingsmetode, som de er blevet uddannet og instrueret i. Dette kan nogle gange føre til en mangel på åbenhed overfor nye tiltag eller alternative løsninger. Derudover kan det også være udfordrende at få tilstrækkelig tid og opmærksomhed fra personalet, da de ofte arbejder under en høj arbejdsbyrde og tidsmæssige begrænsninger. Dette kan skabe en følelse af, at personalet ikke har tid eller overskud til at lytte til og imødekomme patienternes individuelle behov og ønsker.

Det er vigtigt at erkende, at sygehuspersonalet ofte opererer inden for en række retningslinjer og rammer, der er fastlagt af sundhedssystemet og politiske beslutningstagere. Dette kan begrænse deres fleksibilitet og mulighed for at udforske alternative behandlingsmetoder eller løsninger. Til trods for disse udfordringer er det fortsat vigtigt at prøve at kommunikere åbent og ærligt med sygehuspersonalet. Det kan være nyttigt at udtrykke dine bekymringer, ønsker og idéer tydeligt og respektfuldt. Det kan også være en god idé at undersøge, om der findes alternative behandlingsmuligheder eller specialister uden for de traditionelle systemer, som man kan konsultere.

Det er også vigtigt at værdsætte og respektere personalets arbejde og de forhindringer, de kan støde på. De fleste sundhedspersonale ønsker at hjælpe, men kan være begrænset af systemiske faktorer. Det er sandt, at personale på sygehusene ofte arbejder under tidspres og kan have en høj arbejdsbyrde. Det kan være udfordrende for dem at finde tid og ressourcer til at imødekomme individuelle behov og ønsker fra patienterne. Som patient er det vigtigt at udvise forståelse for personalets travlhed og arbejdsvilkår. Det kan være gavnligt at være forberedt og organisere dine spørgsmål eller bekymringer for at optimere tiden sammen med personalet.

Men samtidig er det også vigtigt at huske på, at du som patient har ret til at blive behandlet med respekt, omsorg og opmærksomhed. Hvis du føler, at du ikke får tilstrækkelig tid og opmærksomhed fra personalet, kan det være nyttigt at kommunikere direkte og tydeligt om dine behov og ønsker. Vær tålmodig og respektfuld, men vær også fast i dine forventninger.

Det kan også være en god idé at informere andre involverede i din behandling, såsom læger eller sygeplejersker, hvis du har specielle behov eller ønsker, der skal tages hensyn til. De kan hjælpe med at formidle dine individuelle behov til det øvrige personale.

Det er en udfordring at have behov for systemet og samtidig føle, at man ikke bliver behandlet individuelt, det kan virkelig være en udfordring at finde den rette balance mellem at have behov for behandlingssystemet og samtidig ønske at blive behandlet som individ. Mange patienter kan føle, at de mister deres individualitet og bliver behandlet som en del af en ensartet masse. Men samtidig er det også vigtigt at anerkende, at sundhedssystemet ofte er designet til at håndtere et stort antal patienter og har standardiserede procedurer og behandlinger for at sikre en vis kvalitet og effektivitet.

For at håndtere den følelse af at blive behandlet som et »nummer« i systemet, kan det være en god idé at finde måder at styrke kommunikationen med sundhedspersonalet. Stil spørgsmål, udtryk dine bekymringer, ønsker og forventninger under behandlingsforløbet. Fokuserer på en åben og ærlig dialog, hvor du aktivt deltager i beslutningerne om din behandling.

Det kan også være til gavn at søge alternative behandlingsmuligheder uden for det traditionelle system, hvis det er relevant for dit tilfælde. Konsulter eventuelt specialister der har en mere individuel tilgang og kan tilbyde tilpassede løsninger.

Husk, det er vigtigt at tage vare på dig selv og være forberedt på at være en aktiv deltager i din behandling. Vær proaktiv i at søge information, stille spørgsmål og være involveret i beslutningsprocessen.

Selvom det kan være svært at finde balancen mellem at have behov for systemet og føle sig behandlet som individ, kan det hjælpe at være reflekteret og åben over for alternative muligheder og aktivt kommunikere med sundhedspersonalet. Husk, at du har ret til at blive behandlet med respekt og omsorg, og at sundhedspersonalet er der for at hjælpe dig.

Husk også, at det er vigtigt at tage ansvar for egen sundhed og være en aktiv deltager i ens behandlingsproces. Det inkluderer at stille spørgsmål, blive informeret om muligheder og træffe informerede beslutninger. Selvom det kan være udfordrende at kommunikere med sygehuspersonalet, er det vigtigt at huske, at der er mange dedikerede fagfolk, som er villige til at lytte og engagere sig i patienternes behov og ønsker. Ved at udtrykke sig klart og vedholdende, kan der opnås bedre kommunikation og muligheder for at finde alternative løsninger.

Når vi bliver behandlet individuelt, åbner det op for større muligheder for helbredelse og genoptræning. En individuel behandling giver os den unikke mulighed for at få skræddersyet behandling efter vores personlige behov og udfordringer. Ved at modtage en individuel behandling bliver vores specifikke symptomer og situationer taget i betragtning. Dette betyder, at behandlingen kan tilpasses til vores unikke behov og sikre, at vi får den mest effektive og målrettede behandling.

En individuel tilgang betyder også, at vi kan få mere fokuseret opmærksomhed og støtte fra vores behandlere eller terapeuter. De vil være i stand til at observere og reagere på vores individuelle reaktioner og fremskridt, hvilket kan hjælpe med at identificere og målrette de områder, hvor der er behov for særlig opmærksomhed. Dette skaber en mere personlig og dedikeret behandling oplevelse, hvor vi kan arbejde sammen med vores behandlere for at nå vores specifikke behandlingsmål. En individuel behandling kan derfor resultere i større muligheder for helbredelse og genoptræning, da den er skræddersyet til netop vores behov og betingelser.

Det er af afgørende betydning at løse problemet med manglende information og følelsen af at mangle viden, da det kan fratage patienter deres ret til behandling på grund af autoritetens indflydelse. Det er vigtigt at anerkende, at patienter ikke altid har overskud eller evnen til selv at søge efter information på nettet. Derudover kan det være vanskeligt at finde relevante og pålidelige oplysninger online.

For at adressere denne udfordring er det nødvendigt, at sundhedspersonalet spiller en afgørende rolle i at informere og oplyse patienterne. Det er vigtigt, at sundhedspersonalet tager sig tid til at forklare diagnoser, behandlinger og muligheder i et klart og forståeligt sprog. Ved at være åbne og lyttende kan sundhedspersonalet hjælpe patienterne med at føle sig mere informerede og trygge i deres behandlingsforløb.

Der bør også være fokus på at forbedre kommunikationen og styrke patienternes stemme i sundhedsvæsenet. Patienter skal opfordres til at stille spørgsmål, udtrykke bekymringer og dele deres ønsker og behov. Sundhedspersonalet bør skabe rum for dialog og lytte til patientens perspektiv. Ved at skabe et mere ligeværdigt forhold kan patienterne føle sig tryggere ved at handle og stå op for sig selv.

Det er vigtigt, at autoritet ikke bliver brugt som en hindring for patienters ret til at være aktive deltagere i deres egen sundhedspleje. Sundhedsvæsenet bør fortsat arbejde på at sikre, at patienter føler sig informerede, støttede og respekterede, når de træffer beslutninger om deres sundhed og behandling. Ved at skabe et mere patientcentreret sundhedsvæsen kan vi bidrage til en bedre patientoplevelse og bedre resultater for sundhed og helbred.

Vi kan helt sikkert se, at et samfund med forbedret kommunikation, større forståelse og individuel behandling ville være utroligt stærkt. Det ville skabe mange flere positive processer og fokusere mere på helbredelse. Hvis mennesket bliver set og hørt som en vigtig brik i samfundet, kan det også blive behandlet på en passende måde. Ved at prioritere individuel behandling og tage hensyn til hver persons unikke behov og ønsker, kan sundhedsvæsenet skabe en mere helhedsorienteret og effektiv tilgang til behandling. Dette ville ikke kun have en positiv indvirkning på patienternes sundhed og velvære, men også bidrage til et samfund, hvor mennesker føler sig værdsat og respekteret.

Der skal være en bredere anerkendelse af vigtigheden af at lytte til patienternes perspektiver og inddrage dem aktivt i deres egen behandling. Dette kan opnås gennem øget uddannelse og træning af sundhedspersonale og ved at skabe formaliserede strukturer, hvor patienterne får plads til at dele deres ønsker og behov. Ved at skabe en mere inkluderende og menneskecentreret tilgang til sundhedspleje kan vi opnå bedre resultater på tværs af hele samfundet.

Det er vigtigt at understrege, at dette ikke blot ville være til gavn for patienterne, men også for samfundet som helhed. Et samfund, hvor mennesker føler sig sete, hørte og behandlet på en respektfuld og individuel måde, vil skabe en stærkere følelse af samhørighed, tillid og trivsel. Vi kan alle drage fordel af et samfund, hvor helbredelse og velvære er i fokus, og hvor mennesket bliver anerkendt som en central og vigtig del af det.

Jeg kan virkelig ønske mig, at alle mennesker kunne få behandling med størst mulig ekspertise og specialviden, hvor der ikke kun fokuseres på det konventionelle behandlingssystem, men på hele mennesket. For mig personligt er det vigtigt at blive anerkendt som et unikt individ, med mine egne helbredsmæssige behov og ønsker.

En mere holistisk tilgang til behandling, der tager højde for både fysiske, psykiske og sociale faktorer, ville være utroligt gavnlig for os som individer. Det kræver en bredere vifte af behandlingsmuligheder, der respekterer vores præferencer og behov. Det er også vigtigt at have adgang til specialister med specialviden inden for forskellige områder af sundhedspleje.

For at opfylde dette ønske, er det nødvendigt at fortsætte med at udvikle og investere i specialiserede behandlingsmuligheder og træning af sundhedspersonale. Dette ville skabe en mere personlig og omfattende tilgang til sundhedsvæsenet, der tager højde for hele vores velvære og giver en mere effektiv og tilfredsstillende behandling oplevelse.

Der er også behov for en kulturændring, hvor sundhedspersonale er åbne over for alternative behandlingsmetoder og værdsætter en bredere tilgang til sundhed. Dette kræver også tæt samarbejde mellem forskellige sundhedsprofessionelle for at sikre, at vi får den bedst mulige behandling.

Alt i alt ville en mere individuel og holistisk tilgang til behandling resultere i bedre resultater og større tilfredshed for os som patienter. Det vil skabe et sundhedsvæsen, der virkelig sætter os i stand til, og arbejder på at opfylde vores helbredsmæssige behov på den bedst mulige måde.

Min egen dybe interesse for mennesket, dets muligheder og udvikling er den primære årsag til, at denne bog findes. Gennem min egen rejse i sundhedssystemet har jeg lært utroligt meget, og mange af mine indsigter og min egen vilje og styrke har gjort det muligt for mig at se livet med øjnene fulde af muligheder. Netop disse erfaringer og indsigter har ført til, at du nu sidder med denne bog i hånden.

Jeg ønsker virkelig at dele mine oplevelser og perspektiver med dig, fordi jeg tror på, at vi alle kan lære af hinanden og hjælpe hinanden med at opnå et bedre og mere meningsfuldt liv. Gennem mine egne indsigter og personlige udvikling har jeg fået mulighed for at se verden med nye øjne, og finde håb og inspiration på de mest uventede steder.

Min dybe interesse for mennesket og dets potentiale har været drivkraften bag denne bog. Jeg er overbevist om, at vi alle har en unik styrke og potentiale, der kan udfoldes, hvis vi åbner vores sind og hjerte for mulighederne i livet. Jeg håber, at denne bog kan inspirere og motivere dig til at se dit eget liv med nye øjne og opdage de mange muligheder, der venter på dig.

Tak fordi du læser denne bog og er åben for at udforske det fantastiske potentiale, som enhver enkelt af os besidder. Jeg håber, at du vil finde inspiration og styrke til at skabe et liv fyldt med muligheder og udvikling. Sammen kan vi skabe forandring og opnå vores største drømme og ønsker!

Jeg har skrevet nogle gavnlige teknikker og øvelser der er gode, når du står midt i systemet.

*1. Spejløvelse:* Dette er en positiv affirmationsøvelse, hvor du gentager positive udsagn om dig selv foran et spejl. Udsagnet »Jeg er vigtig, jeg elsker mig selv« kan hjælpe med at styrke dit selvværd og selvtillid. Øvelsen indebærer, at du kigger dig selv i øjnene i spejlet og gentager disse udsagn med overbevisning. Dette kan hjælpe med at opbygge en stærkere forbindelse til dig selv og øge din indre styrke til at navigere i systemet.

*2. Arbejd med at styrke dit selvværd og din selvtillid* er afgørende for at kunne omgås systemet bedst muligt. Dette kan gøres gennem positive selvfortællinger, daglig bekræftelse af dine styrker og ressourcer, anerkendelse af dine præstationer og fejring af dine succeser. Ved at opbygge et stærkt selvværd og en sund selvtillid vil du stå stærkere og kunne håndtere forskellige udfordringer og situationer i systemet.

*3. Det er vigtigt* at være i stand til at kommunikere tydeligt og udtrykke dine behov og grænser over for systemet. Vær klar og tydelig i din kommunikation og vær parat til at sætte klare grænser for, hvad du er villig til at acceptere eller ikke acceptere. Stå fast på dine værdier og vær aktiv i at opretholde dine egne interesser og rettigheder.

*4. Vær din egen talsperson og advokat,* når du omgås systemet. Vær forberedt på at stille spørgsmål, bede om yderligere information og støtte, og insistere på at få den pleje og behandling, du har brug for. Vær aktivt involveret i din egen pleje og behandlingsproces ved at være opmærksom på dine symptomer, stille de rigtige spørgsmål og deltage aktivt i beslutningsprocessen.

Husk, at det er vigtigt at tilpasse disse værktøjer efter dine individuelle behov og situationer. Forsøg at identificere, hvilke værktøjer der fungerer bedst for dig og eksperimenter med dem.

# Naturens princip

Naturens budskab melder sig
naturens smukke side
frost og kulde viser sig
uden, at vide

den er blot, følger sit princip
i stilhed, i kærlighed et tip
lad dig ikke vælte
følg naturens princip

når vi reflekterer
skaber det bånd til mere
vi må lære at forstå
ren kærlighed vil opnå

find din vej i dig
slip dit indre fri
følg naturens princip
skab et bånd til dig

naturen vil melde sig
fra sin smukke side
tillad blot at være
uden helt at vide

tillid, tro og håb
du er din mester i livet
vi må lære at forstå
ren kærlighed vil opnå

hvis vi maser på
vil vi aldrig opnå
vores elskede
og ønskede mål

så husk på, hvad du vil opnå
som du sender ud, vil du få
ingen undtagelse at opnå
lad dit lykkes frø så

ren kærlighed du vil opnå
når du lærer at forstå
du er din egen mester
du er dit ønskede mål

# KAPITEL 15

# Mine dybe indsigter, observationer og forståelse

At forstå hvordan vi som mennesker er skruet sammen, hvad det betyder og hvad vi tænker. Når vi får en dybere forståelse af, hvordan vores tanker og mentale tilstand påvirker vores helbred, begynder tingene at give mere mening. Det er blevet videnskabeligt bevist, at vores tanker, følelser og holdninger kan have en betydelig indflydelse på vores fysiske sundhedstilstand.

Negative tanker og følelser som angst, stress, vrede eller frygt kan skabe ubalance i vores kroppe og påvirke vores immunsystem, hormonbalance og andre fysiologiske processer. Denne ubalance kan til sidst føre til sygdom og helbredsmæssige problemer.

På samme måde kan positive tanker, håb, glæde og en følelse af indre ro have en helende virkning på vores kroppe. Vores tanker og mentale tilstand kan påvirke vores helbred både direkte gennem biologiske mekanismer, og indirekte ved at påvirke vores livsstil og adfærd. Når vi bliver mere opmærksomme på vores tankemønstre og lærer at håndtere vores tanker og følelser på en sund måde, kan vi bidrage til at opretholde vores sundhed og forebygge sygdom. Dette kan omfatte at dyrke positive og konstruktive tanker, praktisere mindfulness og meditation, udvikle sunde copingstrategier og søge støtte og hjælp, når det er nødvendigt.

Det er vigtigt at understrege, at vores tanker ikke er den eneste faktor, der påvirker vores helbred. Der er selvfølgelig mange andre faktorer som livsstil, genetik, miljø og tilgængeligheden af sundhedspleje, der spiller en rolle. Men ved at forstå og tage ansvar for vores tanker, kan vi være med til at skabe en dybere mening og forståelse for, hvorfor mange mennesker bliver syge, og hvad vi kan gøre for at fremme vores egen sundhed og trivsel.

Vores tanker og holdninger har en stor indflydelse på de resultater, vi opnår i vores liv. Når vi har en positiv attitude og tror på vores evner og muligheder, skaber vi et positivt mentalt miljø, der støtter os i at tage handling og opnå vores mål. På samme måde kan negative tanker og en negativ attitude begrænse os og forhindre os i at nå vores fulde potentiale. Hvis vi overbeviser os selv om, at vi ikke kan opnå succes, eller at vi er offer for omstændighederne, vil det være svært at se mulighederne og handle i overensstemmelse hermed.

Vores tanker skaber vores virkelighed på mange måder. De påvirker vores beslutninger, vores handlinger og vores opfattelse af verden omkring os. Når vi bevidst vælger at have positive tanker og en positiv attitude, åbner vi op for flere muligheder og skaber en positiv energi omkring os, der tiltrækker positive resultater. Det betyder ikke, at vi altid kan kontrollere alt, der sker i vores liv. Der vil altid være udfordringer og vanskeligheder, som vi ikke har kontrol over. Men ved at ændre vores tanker og holdninger kan vi ændre vores reaktioner og få en mere konstruktiv tilgang til de situationer, vi står overfor.

Vores tanker er vores attitude, og vores attitude har en direkte indflydelse på vores resultater i livet. Ved at være opmærksomme på vores tanker og aktivt vælge at have en positiv attitude, kan vi skabe det liv vi ønsker, og opnå de resultater vi stræber efter.

Når vi er bevidste om, at vores tanker og holdninger har en direkte indflydelse på vores liv, får vi mulighed for at styre vores tanker i den retning, vi ønsker.

Ved at udvikle en øget bevidsthed om vores tanker kan vi begynde at identificere negative og begrænsende tanker, som måske holder os tilbage. Når vi opdager disse tanker, kan vi aktivt vælge at erstatte dem med mere positive og konstruktive tanker.

Dette kan gøres ved at være opmærksom på vores indre dialog og undersøge, om vores tanker er baseret på sandhed, eller blot negative overbevisninger. Vi kan også anvende teknikker som positive bekræftelser, visualisering og mindfulness for at styrke vores positive tanker og fokusere på det, vi ønsker at opnå. Men det er vigtigt at bemærke, at det ikke altid er let at ændre vores tanker. Det kan være en proces, der kræver tid, praksis og vedholdenhed. Det kan også være nyttigt at søge støtte fra terapeuter, coaches eller mentorer, der kan vejlede os i at transformere vores negative tanker til positive og konstruktive tanker.

Når vi lærer at styre vores tanker og fokusere på det, der virkelig betyder noget for os, åbner vi op for uendelige muligheder og potentiale. Vi bliver mere i stand til at skabe det liv, vi ønsker, og opnå de resultater, vi stræber efter. Med en øget bevidsthed har vi mulighed for at styre vores tanker i den retning, vi ønsker, og dermed skabe det liv, vi drømmer om.

Når vi er bevidste om vores tanker og attitude, har vi mulighed for at skabe det job vi ønsker, opleve frihed, rejse, opnå sundhed og have de bedste relationer.

Ved at have en positiv attitude og tro på mulighederne, kan vi være mere opsøgende og målbevidste i vores arbejde. Vi kan sætte klare mål, udvikle de nødvendige færdigheder og tage de nødvendige skridt for at opnå vores ønskede job. Ved at være vedholdende og positivt indstillet kan vi overkomme udfordringer, lære af vores fejl og udvikle os i vores karriere.

Når vi er bevidste om vores tanker og holdninger, kan vi også skabe frihed i vores liv. Vi kan frigøre os fra begrænsende overbevisninger og negative tankemønstre, som kan holde os tilbage. Ved at styrke vores positive tanker og tro på vores evner og muligheder kan vi bryde fri fra begrænsninger, og skabe en følelse af frihed og mulighed i vores handlinger og valg.

På samme måde kan vi ved at være opmærksomme på vores tanker og holdninger også skabe sundhed. Vores tanker og attitude har en indflydelse på vores valg om at spise sundt, motionere regelmæssigt og tage os af vores mentale og følelsesmæssige velvære. Ved at være bevidste om vores tanker omkring vores sundhed og ved at træffe positive valg, kan vi opnå en bedre sundhedstilstand og trivsel.

Endelig, når vi er bevidste om vores tanker og holdninger, kan vi opbygge de bedste relationer. Vi kan være bevidste om vores kommunikation, vores måde at lytte på og vores generelle tilgang til andre mennesker. Ved at have en positiv og respektfuld attitude kan vi skabe dybere forbindelser, forståelse og harmoni i vores relationer.

Så med en øget bevidsthed om vores tanker og holdninger, har vi mulighed for at skabe det job, vi ønsker, opleve frihed, rejse, have sundhed og opbygge de bedste relationer i vores liv. Når vi er bevidste og klar over, at vi selv er skaberne af vores eget liv, åbner vi op for en dyb forståelse af vores egen frihed og muligheder.

Ved at erkende vores eget ansvar i at skabe vores eget liv, frigør vi os fra at lægge skylden på omstændigheder, andre mennesker eller eksterne faktorer for vores situation. Vi erkender, at vores tanker, valg og handlinger har en direkte indflydelse på de resultater, vi opnår.

Denne bevidsthed giver os mulighed for at træffe bevidste valg og tage ansvar for vores handlinger og reaktioner. Vi kan aktivt definere vores mål og målsætninger og arbejde hen imod dem med beslutsomhed og dedikation. Vi kan også se forhindringer og udfordringer som muligheder for vækst og læring, og vi kan finde alternative veje, når en sti virker blokeret. Denne forståelse af os selv som skaber af vores eget liv, giver os en følelse af empowerment og frihed. Vi føler os ikke længere begrænset af omstændigheder eller andres meninger, men i stedet har vi muligheden for at skabe det liv og de resultater, vi ønsker.

Naturligvis er der også ydre faktorer, som vi ikke altid har kontrol over, men vores reaktion og holdning er noget, vi altid kan vælge. Ved at være bevidste og reflektere over vores tanker og handlinger, kan vi skabe vores egen frihed og forme vores liv i den retning, vi ønsker det.

Desværre er mange mennesker ikke er bevidste om deres egne tanker, handlinger og begrænsende mønstre. Nogle gange kan vi være så vant til at leve i automatiske reaktionsmønstre eller blive fanget i negative tankemønstre, at vi ikke er opmærksomme på, hvad der foregår indeni os.

At blive bevidst kræver en aktiv proces med selvrefleksion og opmærksomhed. Det kan være gavnligt at praktisere mindfulness eller meditation for at øge vores opmærksomhed og observationsevne. Ved at skabe rum til stilhed og selvundersøgelse får vi mulighed for at opdage og få indblik i vores egne tanker, følelser og adfærdsmønstre.

Det kan også være nyttigt at søge støtte og vejledning fra mentorer, terapeuter eller coacher, der kan hjælpe os med at identificere og udforske vores blinde pletter, eller uhensigtsmæssige vaner. De kan introducere os for teknikker og strategier til at blive mere bevidste og træffe mere bevidste valg.

Det er vigtigt at nævne, at bevidsthed ikke sker over natten, det er en kontinuerlig proces. Det tager tid og vedholdenhed at observere og forstå vores egne mønstre, og træffe bevidste valg i overensstemmelse med vores ønsker og værdier. Så selv om der er mange mennesker, der ikke er bevidste, er det aldrig for sent at begynde at udvikle bevidsthed og tage kontrol over vores eget liv. Med tålmodighed, øvelse og en vilje til at udforske os selv dybere kan vi gradvist øge vores bevidsthed og træffe mere bevidste valg for vores liv. Ved at være bevidste skabere af vores eget liv, opnår vi en dybere forståelse af vores egen frihed og muligheder, og vi kan træffe bevidste valg for at skabe det liv, vi ønsker at leve.

Når vi er bevidste, har vi et valg i, hvordan vi ønsker at leve vores liv. Vi har muligheden for at træffe bevidste valg indenfor alle områder af vores liv, inklusive vores adfærd, vores tanker, vores relationer, vores livsstil osv. Vi kan vælge, hvordan vi vil leve vores liv, hvad vi vil spise, hvor vi vil bo og hvordan vi ønsker at forholde os til vores tanker og følelser. Vi kan vælge at være taknemmelige og positive, selv når vi står over for udfordringer, eller vi kan vælge at lade os styre af negative og begrænsende tankemønstre.

Selv ikke at vælge er faktisk et valg i sig selv. Når vi undlader at tage ansvar for vores eget liv og lade andre bestemme for os, tager vi et passivt valg om ikke at tage kontrol over vores liv. At tage ansvar for sig selv og sit liv kræver mod, dedikation og selvbevidsthed. Det handler om at være aktiv i at vælge vores handlinger og holdninger i overensstemmelse med vores egne værdier og ønsker. Det betyder også at være villig til at acceptere konsekvenserne af vores valg og lære af dem.

Så ved at være bevidste og træffe aktive valg kan vi tage kontrol over vores eget liv og skabe det liv, vi ønsker at leve. Vi kan skabe vores egen vej, baseret på vores unikke ønsker og behov.

Når vi træffer bevidste valg og handler fra hjertet, åbner vi op for en ny tilgang til livet. Ved at leve med en helhjertet intention, bringer vi mere lykke, glæde og kærlighed ind i vores liv.

At træffe valg fra hjertet betyder at lytte til vores indre stemme, vores dybeste ønsker og værdier. Når vi handler i overensstemmelse med vores autentiske selv og gør ting, der nærer vores sjæl, føler vi os mere forbundet med vores dybere formål. Dette giver os en følelse af mening og tilfredshed. Når vi træffer valg fra hjertet, er det også lettere at være autentisk og ægte i vores relationer. Vi udstråler en aura af kærlighed og accept, og vi tiltrækker mennesker og situationer, der matcher denne energi. Dette kan skabe mere harmoni og glæde i vores interaktioner med andre.

Det betyder ikke, at livet altid vil være uden udfordringer, men når vi handler fra et kærligt og autentisk sted, har vi evnen til at møde udfordringer med indre ro og visdom. Vi vælger at se muligheder og læring i stedet for at være fastlåst i begrænsninger og negativitet. Dette kan give os en dybere følelse af tilfredshed og indre fred.

Så at træffe bevidste valg og leve ud fra hjertet, giver os muligheden for at skabe et liv fyldt med lykke, glæde og kærlighed. Det er en rejse, der kræver bevidsthed, mod og åbenhed, men belønningen er en dybere forbindelse til os selv og verden omkring os.

Når vi har en dyb forbindelse til os selv og er bevidste om vores påvirkning på livet, får vi en følelse af ro og balance. Vi indser, at udfordringer ikke er hindringer, men muligheder for vækst og læring.

Når vi står over for udfordringer, kan vi vælge at se dem som lektioner, der hjælper os med at udvikle os og blive stærkere. Vi kan se dem som invitationer til at lære nye færdigheder, overvinde vores frygt eller justere vores tilgang til livet. I stedet for at blive overvældet eller bange, kan vi se udfordringen som en smuk mulighed for personlig og spirituel udvikling.

At have denne forståelse ændrer vores perspektiv på livet som helhed. Vi ser ikke længere udfordringer som negative eller uønskede, men som en naturlig del af livets rejse. Vi begynder at omfavne dem som en vigtig del af vores personlige udvikling, og hermed tillader os selv at vokse og blomstre gennem dem. Når vi accepterer, at udfordringer kan rumme smukke muligheder, skifter vores tilgang til dem. Vi bliver mere åbne og modstandsdygtige over for livets vanskeligheder. Vi lærer at håndtere dem med større klarhed og selvtillid, og vi tager aktivt ansvar for vores egne reaktioner og handlinger i disse situationer.

Der er en dyb visdom i at erkende, at udfordringer indeholder smukke muligheder og læring. Det tillader os at omfavne og værdsætte hver oplevelse og skaber en følelse af taknemmelighed og værdi i vores liv.

Det er fantastisk, at jeg føler mig rigtig i livet, og har opnået en dybere forståelse for livets udfordringer. Når vi bevidst arbejder med vores tanker og holdninger, kan det have en stor indflydelse på vores helbred og velvære.

Vi er ofte ikke klar over, hvordan vores tanker og overbevisninger påvirker vores helbred. Negativ tænkning, stress og angst kan skabe ubalance i vores krop og sind, mens positive tanker, optimisme og selvomsorg kan bidrage til vores sundhed og trivsel.

Ved at være opmærksom på vores tanker og praktisere positiv tænkning kan vi skabe et mere positivt og støttende tankemønster. Dette kan have en direkte indvirkning på vores helbred og velvære. Vi kan blive mere bevidste om vores selvsnak og erstatte negative, begrænsende tanker med mere konstruktive og positive tanker.

Det er også vigtigt at huske på, at sundhed er en helhedsorienteret tilgang. Ud over at arbejde med vores tanker, er det vigtigt at pleje vores fysiske krop, spise sundt, dyrke motion og sørge for tilstrækkelig hvile og søvn. En balance mellem krop, sind og ånd er nøglen til et sundt og lykkeligt liv.

Jeg har taget ansvar for min sundhed og har opnået en dybere forståelse af, hvordan mine tanker påvirker mig. Denne indsigt og viden vil fortsætte med at støtte mig i at opnå et fuldkomment helbred og trivsel.

Denne bevidsthed og forståelse kan opnås af enhver, uanset uddannelse eller titler. Det handler blot om at være villig til at arbejde på sig selv, lige således at have en målrettet indsats for at opnå det ønskede resultat.

Det starter med at være bevidst om vores tanker og følelser i hverdagen. Ved at være opmærksomme på vores tankemønstre kan vi begynde at identificere og udfordre de negative eller begrænsende tanker, der står i vejen for vores vækst og trivsel.

Det kræver også vedholdenhed, da det kan tage tid og øvelse at ændre vores mentale vaner. Det er vigtigt at være tålmodig og fortsætte med at arbejde på vores tanker og indstillinger, selvom det kan være udfordrende.

Styrke er også afgørende, da det kræver mod og viljestyrke at udfordre vores gamle tankemønstre og skabe nye og mere positive tankemønstre. Dette kan indebære at sætte grænser, træffe svære beslutninger eller konfrontere vores egne frygter og begrænsninger.

At have et mål med livet giver os en retning og formål. Når vi har klare mål, bliver det lettere at træffe beslutninger og handle i overensstemmelse med vores værdier og ønsker. Det giver os også en dybere motivation og en følelse af formål, når vi arbejder hen imod noget, der er meningsfuldt for os, ved at være vedholdende, stærk og have et mål med livet kan enhver opnå den bevidsthed og forståelse, der gør det muligt at skabe balance, trivsel og dybde i tilværelsen.

Dette gælder også for dig, der er ingen undtagelser. Jeg har set mennesker rejse sig fra at være sengeliggende for livet og intet kunne, til at sidde i kørestol og være med til arrangementer.

Personer med svære depressioner der har mistet jobbet pga. sygdom, der med denne indsigt er blevet fuldkommen igen. Cancerpatienter, inklusiv mig selv, der har været i stand til at vende diagnosen på hovedet. Personer, der har ønsket selvmord og har haft svære tanker herom, der har genvundet lysten til livet, mennesker med ADHD, der ikke har følt at livet var værd at leve, har fundet værdien i deres diagnose og vendt den til succes. Jeg kan blive ved.

At være bevidst i livet er en gave. TAK for den. Til at starte med forstod jeg den ikke. Jeg så ingen mening med min udfordring. Det er utroligt vigtigt, at du tager dig tid til at passe på dig selv og reflektere over livet og dets værdier. Måske har du også oplevet, hvordan arbejdes forventningerne kan blive overvældende, og det er derfor nødvendigt at sætte tempoet ned.

Jeg har personligt lært, at det er nødvendigt at prioritere mig selv og mine behov. Jeg blev nødt til virkelig at lære dette, før jeg kunne forstå, hvor vigtigt det er at tage vare på mig selv. Dette involverede at skrue ned for mine arbejdsrutiner og krav, og være mere opmærksom på mine grænser.

Jeg begyndte at sætte tid af til at stoppe op og tænke over livet og dets værdier. Det gav mig en dybere forståelse af, hvad der er vigtigt for mig. Jeg indså, at det var nødvendigt at sige nej til ting, der ikke tjente mig, og skabe plads til det, der virkelig betyder noget.

Undervejs lærte jeg også meget om mig selv gennem forskellige læringsoplevelser. Jeg var nysgerrig og åben over for nye perspektiver. Gennem selvstudie, vejledning fra eksperter og læring fra andre har jeg fået indsigter, som har hjulpet mig med at forstå mine egne behov og skabe en mere meningsfuld tilværelse.

Så det er min erfaring, at ved at lære at passe på dig selv og tage tid til at reflektere, kan du opnå en dybere forståelse af dig selv og dine behov. Dette vil guide dig i retning af et mere tilfredsstillende og meningsfuldt liv. Fortsæt med at lære og udforske, og lad denne indsigt være din vejledning til et rigere liv.

At lære at se lys i mørket, kærlighed i had og glæde i tristhed er en smuk og udfordrende rejse. Det indebærer at udvikle en dybere forståelse af, at selv i de mest mørke og vanskelige tider, er der altid potentiale for vækst og transformation.

At se lys i mørket handler om at finde håb og optimisme, selv i de mest udfordrende situationer. Det handler om at tro på, at der altid er mulighed for forandring og positive oplevelser, selv når alt virker svært.

At finde kærlighed i had kræver empati og medfølelse. Det handler om at forstå, at folk handler ud af deres egne sår og frygt, og at det ofte er kærlighedens mangel, der ligger bagved. Ved at vælge at se ud over hadet og søge efter kærlighed og forståelse, kan vi skabe forsoning og tilgivelse. At opleve glæde i tristhed indebærer at finde styrke og visdom i svære og smertefulde øjeblikke. Det handler om at tillade os selv at føle vores følelser fuldt ud og finde lærdom og vækst gennem dem. Ved at omfavne tristhed og sorg kan vi finde indre fred og selvværd.

Denne rejse kræver mod og åbenhed for at udforske vores følelser og vores perspektiv på verden. Det handler om at ændre vores sind og åbne vores hjerter for at se verden på en ny og mere positiv måde. Ved at se lys i mørket, kærlighed i had og glæde i tristhed kan vi skabe en dybere forbindelse til os selv og til andre, og finde en større mening og formål i vores liv.

Vi har et valg i livet som vi kan benytte os af, om vi vælger det positive eller det negative, det er begge valg der kræver den samme energi, så hvorfor ikke vælge det positive. Det er vigtigt at forstå, at der ikke er plads til samme følelser på samme tid, det kan ikke lade sig gøre.

Jeg ønsker at dele min historie med dig, fordi jeg tror, at den kan have en betydning for dig. Gennem mine oplevelser har jeg fået en dybere forståelse af livet og lært vigtige lektioner, som jeg gerne vil give videre til dig.

Min rejse har ikke altid været let. Der har været udfordringer og nedture, hvor jeg har følt mig magtesløs og modløs. Men jeg har også oplevet utrolige øjeblikke af glæde, styrke og selvopdagelse. Det er netop denne blanding af livets op og nedture, der har formet mig som person. Gennem selvrefleksion og personlig vækst har jeg lært at acceptere mine fejl og omfavne mine styrker. Det har givet mig mod til at træffe beslutninger og tage ansvar for mit eget liv. Det er ikke altid let, men det er værdifuldt.

Jeg har forstået at min krops sygdom gav mig den opmærksomhed, forståelse og anerkendelse, jeg følte mangelfuld i andre situationer og tidspunkter i mit liv.

Jeg måtte erkende og indse, at de mangler jeg følte, det tomrum jeg havde, det måtte jeg selv udfylde. Jeg måtte lære at forstå at alt er muligt at ændre, tidligere oplevelser og situationer, der skabte dette tomrum. Dette kunne jeg selv udfylde og underskrive de gamle situationer.

Jeg ønsker at opmuntre dig til at tage lignende skridt på din egen rejse. Uanset hvor du er i livet lige nu, kan du begynde at arbejde hen imod dine mål og drømme. Vær tro mod dig selv og dine værdier, og husk, at du har potentialet til at skabe den fremtid, du ønsker.

Selvom det kan være skræmmende at gå ind i det ukendte, vil du opdage, at det er der, du finder vækst og ægte lykke. Tillad dig selv at udforske nye veje og lære af dine fejl. Lær at omfavne livets usikkerhed og se det som en kilde til muligheder og udvikling.

For dig vil denne rejse måske også være den vigtigste i dit liv, på trods af dens udfordringer og smertefulde øjeblikke. Når du åbner den og dykker ned i dens dybder, vil du opdage, at det er en opgave af afgørende betydning for dit liv.

Ved at analysere og handle på dine erfaringer, vil du finde vej gennem selvrefleksion og personlig vækst. Selvom denne rejse ikke altid vil være nem, vil den kræve mod og beslutsomhed. Ved at tage ansvar for din egen udvikling vil du opnå dyb indsigt i dine værdier og sandheden om dig selv. Det kræver inderlig hengivenhed at investere tid og energi i at lære og vokse som person. Fortsæt med at arbejde på dig selv, og husk at fejre dine fremskridt undervejs. Disse vil bidrage til at forme og berige dit liv på måder, du måske ikke engang kan forestille dig.

Tag imod din egen rejse med åbne arme, og lad den være en kilde til personlig udvikling og transformation. Du er i stand til at opnå store resultater og skabe en meningsfuld forandring i dit liv.

For mig har det klart været livets gave, livets gave i at forstå vores egen indflydelse.

Hvis jeg ikke havde modtaget denne besked, havde jeg aldrig ændret noget i livet.

Hvis jeg ikke havde indset alt dette, ville jeg stadig befinde mig i et hamsterhjul af gamle vaner og rutiner. Jeg ville have savnet muligheden for at udforske og opleve livets fulde potentiale.

Det er så let at blive fanget i den daglige rutine og forblive i vores komfortzone. Men når vi vågner op og ser indholdet i livet, er det som om vi tager skyklapper væk fra vores øjne, og begynder at se verden på en helt ny måde.

Jeg vil opfordre dig til at udfordre dig selv og bryde ud af de gamle vaner, der holder dig tilbage. Gå udenfor din komfortzone og åben op for nye oplevelser og muligheder. Det er i disse øjeblikke af ændring og udforskning, at vi virkelig begynder at leve.

Husk, at du har magten til at ændre dit liv og skabe det indhold, du ønsker. Du behøver ikke at være fanget i gamle vaner og det kendte. Vær modig og træf valg, der vil føre dig til en mere meningsfuld og berigende tilværelse.

Jeg håber, at min historie kan inspirere dig til at træde ud af hamsterhjulet, og begynde at åbne dine øjne for de utallige muligheder, der eksisterer i livet. Vær ikke bange for at tage springet og udforske det ukendte. Det er her, du vil finde sand lykke og indre tilfredshed.

Vi er slemme til at sætte et beløb på os selv, er vi det værd?

Vi skal anerkende og værdsætte den værdi, vores liv har. Hver eneste af os er unikke og har en betydningsfuld rolle at spille i denne verden. Det er vigtigt at indse, at vores liv er værdifuldt og at vores valg og handlinger har konsekvenser.

For at maksimere vores livsværdi er det afgørende at bruge det på en meningsfuld måde, og arbejde hen imod vores ønsker og drømme. Vi skal tage ansvar for vores egen udvikling og være bevidste om, hvilken retning vi ønsker at gå i. Dette betyder at være åbne for læring og vækst, og at træffe valg, der er i overensstemmelse med vores værdier og passioner.

Vigtigheden af at bruge vores liv rigtigt handler også om at skabe positive bidrag til verden omkring os. Det kan være gennem vores relationer, vores arbejde, vores lidenskaber eller vores bidrag til samfundet. Ved at stræbe efter at efterlade en positiv indflydelse efter os, kan vi virkelig fuldstændigt gøre vores livsværdi.

Husk at dit liv er værdifuldt, og du har magten til at forme det i overensstemmelse med dine ønsker og værdier. Brug det rigtigt og stræb efter vækst, udvikling og meningsfulde bidrag, så du kan leve et liv, der er fyldt med værdi og mening.

Jeg bliver stadig helt varm indeni, når jeg tænker på, at vi selv er med til at skabe vores liv, uanset om vi er bevidste om det eller ej, det er så fantastisk.

Vores allerdybeste tro, tro på os selv, tro på livet.

Vores dybeste tro, både i os selv og i livet, er afgørende for at skabe broen mellem, hvor vi står, og hvor vi ønsker at være.

Troen på os selv er en vigtig drivkraft, der giver os tillid og selvsikkerhed til at forfølge vores mål og drømme. Når vi tror på vores egne evner og potentiale, øger det vores motivation, energi og vedholdenhed. Det giver os også mod til at udfordre os selv og træde ud af vores komfortzone for at opnå vores ønskede resultat.

Samtidig er troen på livet en kraftfuld kilde til inspiration og håb. Når vi tror på, at livet er fyldt med muligheder og positive oplevelser, åbner vi os for nye mennesker, erfaringer og udfordringer. Denne positive tro tillader os at se på livets udfordringer som læringsmuligheder og som en del af en større rejse mod personlig udvikling.

At skabe broen mellem, hvor vi står, og hvor vi ønsker at komme hen, indebærer at bevæge os mod vores mål og drømme ved hjælp af vores tro. Det handler om at tage aktive skridt, træffe beslutninger og handle i overensstemmelse med vores tro på os selv og på livet.

Det er vigtigt at nære og styrke vores tro gennem positive tanker, omgivelser og handlinger. Ved at dyrke en positiv og nærende tro på os selv og på livet, åbner vi op for nye muligheder og skaber en mere robust bro mod vores ønskede destination. Troen på os selv og troen på livet er nøglerne til at skabe broen mellem, hvor vi står, og hvor vi ønsker at komme hen. Troen giver os styrken og motivationen til at tage de nødvendige skridt og arbejde hen imod vores mål og ønsker. Jeg ønsker dig masser af tro og mod til at skabe den bro, du ønsker i dit liv. Husk på, at hvis du ikke skaber dit liv med din tro, så skaber livet dig.

Her er nogle gode tips som jeg gerne vil dele med dig:

Når vi starter på en ny uge, har vi samtidig mulighed for at sætte nye intentioner og mål. Det er en god idé at sætte nogle mål for ugen, så vi kan være vedholdende og stå op for os selv.

Når vi sætter mål for os selv, viser vi en forpligtelse over for vores egne ønsker og drømme. Det er vigtigt at være committed og holde fast i de løfter, vi har givet os selv. Dette kræver disciplin og viljestyrke.

Her er nogle tips til sunde og stærke morgenrutiner, hvis du ikke allerede er i gang, så vil jeg fra hjertet anbefale dem.
Start dagen med at gå en dejlig morgentur.

Spis sund morgenmad, du ved gavner dig, din krop og din sjæl.

Skriv 10 taknemligheds sætninger i din notesbog, taknemlig for det der er lige nu og taknemlig for det du ønsker for fremtiden.

Sæt tid af til en morgenmeditation.

Øv dig i at være god til at tage beslutninger, og dine egne beslutninger, det er vigtigt, så du ikke oplever en ambivalent følelse.

Fortæl dig selv at det bliver en fantastisk dag.

Hvorfor er det så vigtigt med en sund og god morgenrutine, frem for at blive liggende i sengen eller haste af sted med alle de gode gøremål.


1: Du gør noget for dig selv.

2: Du viser respekt overfor dig selv.

3: Du bygger et sundt og stærkt mindste op.

4: Du lærer at bygge bro mellem hvor du er nu,
   og hvor du gerne vil hen.

5: Du tager kontrollen tilbage til dig selv.

6: Du lader ikke gamle paradigmer styre dig.


Fortæl ikke dig selv, hvor svært det er.

Tænd ikke for fjernsynet.

Lyt ikke til nyheder.

Gå ikke på kompromis med din sunde morgenmad.

Lad ikke dine gamle paradigmer styre dig.

Hvad skal du bruge dette til?


Når du skaber et stærkt og positivt mindset, ved du at du har styring over dit liv, denne styring er med til at skabe ro og balance, hvilket betyder at du ikke længere lever under konstant pres og stress.

Denne balance giver dig muligheden for at udbygge dine sunde vaner og dit sunde mindset. Dit sunde mindset sender signaler til din krop, som straks begynder at arbejde ud fra disse signaler.

Så husk at uanset hvad du vælger at gøre, sender de signaler af sted til din krop.

Derfor fortæller du altid dig selv det du ønsker, også selvom det måske ikke er sådan lige nu.

# KAPITEL 16

# Handling på alle planer

Når jeg ser tilbage i dag på de få måneder, der er gået, er jeg overvældet over, hvad jeg har opnået. Jeg startede med at have ingen anelse om, hvordan jeg skulle komme i gang, men jeg fortsatte med ubundetheden og troen og tilliden til processen, og jeg nåede i mål.

Jeg er virkelig imponeret over mig selv, fordi jeg har bevaret troen og tilliden til mig selv og processen. Det har hjulpet mig med at finde vejen og være parat til at tage aktion. Jeg vil gerne understrege, at troen og tilliden til processen ikke betyder, at der ikke var udfordringer undervejs. Der var helt sikkert bump på vejen, men min tro hjalp mig med at overvinde dem og fortsætte min rejse.

Jeg er stolt af mine resultater og værdsætter, hvor langt jeg er kommet på denne rejse. Det giver mig motivation til at fortsætte med at opnå endnu flere succeser i fremtiden. Jeg vil fortsætte med at nærer min tro og tillid til processen, og lade det guide mig på min rejse mod mine mål og drømme. Jeg ved, at jeg er i stand til store ting, og jeg vil fortsætte med at tro på mig selv og tage aktive skridt fremad.

Når vi først sætter vores intentioner og tror på os selv, begynder vi at handle automatisk i retning af vores ønsker. Vi skaber en retning og følger den med hjælp fra vores underbevidsthed.

Vores intentioner er som en slags vejledning, der fortæller vores underbevidsthed, hvilke handlinger vi skal tage for at opnå vores mål. Når vi fast besluttet på, at opnå noget og tror på vores evne til at gøre det, så sender vi en stærk besked til vores underbevidsthed om at handle i overensstemmelse hermed.

Vores underbevidsthed er utroligt kraftfuld og kan fungere som en trofast allieret i vores succes. Den hjælper os med at identificere muligheder, træffe de rigtige beslutninger og motivere os til at forfølge vores mål.

Det er vigtigt at huske, at det ikke altid vil være let eller problemfrit. Der vil opstå udfordringer og forhindringer på vores vej. Men ved at opretholde vores tro og intentioner, vil vores underbevidsthed hjælpe os med at finde løsninger og fortsætte med at handle i retning af vores ønsker. Det første skridt mod at tage ansvar for vores eget liv. Når vi erkender, at vi har magten til at forme vores virkelighed med vores tanker, følelser og handlinger, åbner vi døren for at skabe den verden, vi ønsker at leve i.

Det er vigtigt at forstå, at vores tanker og overbevisninger har en direkte indflydelse på vores handlinger og resultater. Hvis vi har negative tanker som »jeg kan ikke« eller »det er umuligt«, vil det manifestere sig i vores handlinger og forhindre os i at nå vores mål. På samme måde, hvis vi har positive og styrkende tanker som »jeg er i stand til« eller »jeg kan gøre det«, vil det motivere os til at handle og skabe de resultater, vi ønsker.

Vores følelser spiller også en vigtig rolle i skabelsen af vores verden. Når vi føler os glade, begejstrede og taknemmelige, sender vi positive vibrationer ud i universet og tiltrækker lignende positive oplevelser. Omvendt, hvis vi føler os negative, bekymrede eller pessimistiske, tiltrækker vi mere af det samme.

Handling er også afgørende for at skabe vores verden. Det er ikke nok bare at tænke og føle positivt – vi skal også handle i overensstemmelse med vores ønsker og mål. Handlingen er brikken, der sætter alt i bevægelse og skaber den forandring, vi ønsker at se i vores liv.

Så ved at være bevidst om vores tanker, følelser og handlinger, og ved at tage ansvar for dem, kan vi begynde at skabe den verden, vi ønsker. Vores tanker og overbevisninger kan ændres, vores følelser kan dyrkes i en positiv retning, og vores handlinger kan rettes mod vores mål.

Vores attitude, eller holdning, spiller en afgørende rolle i skabelsen af vores liv. Vores attitude er den måde, vi ser og reagerer på verden omkring os, og den kan enten hjælpe os med at skabe succes og lykke eller forhindre os i at nå vores mål.

Når vi har en positiv attitude, ser vi muligheder og løsninger, selv når vi står over for udfordringer. Vi er optimistiske og tror på vores evne til at overkomme forhindringer og nå vores mål. Denne positive attitude gør os mere motiverede, energiske og åbne overfor nye oplevelser og muligheder. På den anden side kan en negativ attitude begrænse os og forhindre os i at nå vores fulde potentiale. Hvis vi har en pessimistisk eller negativ holdning, fokuserer vi på problemerne og begrænsningerne i stedet for mulighederne.

Det gode er, at vi selv kan skabe vores egen attitude. Det kræver bevidsthed og vilje til at ændre vores tanke og reaktionsmønstre. Vi kan begynde at være opmærksomme på vores negative tanker og erstatte dem med positive og styrkende tanker. Vi kan også øve os i at være taknemmelige og fokusere på de ting, der går godt i vores liv. Ved at ændre vores attitude kan vi ændre vores liv. Vi kan påvirke vores oplevelser, resultater og relationer positivt. Vi kan blive mere åbne, glade og succesfulde, når vi bevidst skaber en positiv attitude.

Når vi erkender denne mulighed for konstant vækst og udvikling, åbner vi døren for at skabe en ny attitude, der fremmer vores personlige udvikling. At skabe en ny attitude handler om at ændre vores tanker, overbevisninger og måde at handle på. Det handler om at overvinde begrænsende tanker som »jeg kan ikke« eller »jeg er ikke god nok« og erstatte dem med positive og styrkende tanker som »jeg kan lære og vokse« eller »jeg er værdifuld og fortjener succes«.

En vigtig del af at skabe en ny attitude er at være bevidst om vores egne begrænsninger og udviklingsområder, samtidig med at vi har en positiv og optimistisk indstilling til at arbejde med dem. Det handler om at være åben over for læring og kontinuerligt at søge efter muligheder for at udvikle os selv.

Det er også vigtigt at omgive os med positive og støttende mennesker, der kan inspirere os og hjælpe os med at opnå vores udviklingsmål. At have et stærkt supportnetværk kan være afgørende for at opretholde den nye attitude og holde os motiverede og fokuserede. Ved at skabe en ny attitude for vores personlige udvikling åbner vi os for muligheden for vækst, læring og forandring. Vi erkender, at udvikling er en kontinuerlig proces, og at vi altid kan forbedre os og opnå vores fulde potentiale.

Vores attitude eller holdning kan have en betydelig indflydelse på vores liv. Hvis vi har en attitude, der forventer fattigdom eller sygdom, kan det påvirke vores handlinger, beslutninger og resultater på en måde, der understøtter disse forventninger. Vores tankegang og opførsel kan blive præget af negative overbevisninger og selvopfyldende profetier, der kan forhindre os i at opnå økonomisk velstand, eller opnå og vedligeholde en sundhedstilstand.

På den anden side, hvis vi har en attitude, der forventer rigdom og sundhed, kan det motivere os til at handle og træffe beslutninger, der er i overensstemmelse med disse forventninger. Vi kan være mere åbne over for muligheder og tage de nødvendige skridt for at opnå økonomisk velstand og sundhed. Vores positive tanker og holdninger kan muliggøre en mere udfordrende livsstil og tankegang for at tiltrække og opnå det, vi ønsker.

Det er dog vigtigt at bemærke, at vores holdninger alene ikke garanterer resultaterne. Skabelsen af rigdom og sundhed kræver også handling, beslutsomhed og vedholdenhed. At have en positiv attitude er en vigtig del af ligningen, men det er også afgørende at handle i overensstemmelse med vores mål og vedligeholde en vedvarende indsats for at nå dem.

Det var vigtigt for mig at skabe en klar vision for, hvad jeg ønskede at opnå, og derefter sætte realistiske og målbare mål for at nå denne vision. At sætte mål hjalp mig med at skabe fokus og retning i mit liv. Det gav mig en klar struktur og vejledning til at arbejde hen imod mine ønsker og drømme. Ved at bryde min vision ned i mindre delmål kunne jeg gøre processen mere håndterbar og give mig selv succesoplevelser undervejs. Jeg indså også, at jeg selv er ansvarlig for min egen succes og udvikling. Jeg kunne ikke vente på, at andre skulle tage initiativ eller føre mig hen til mine mål. Det var op til mig at tage handling, skabe muligheder og lære af mine fejltagelser. Ved at tage ansvar for min egen udvikling blev jeg mere selvdrevet og motiveret til at arbejde hårdt for at nå mine mål.

At lære at sætte mål og tage ansvar for min egen succes har været en vigtig lektie for mig. Det har givet mig mulighed for at tage kontrol over mit eget liv og forme det i den retning, jeg ønsker. Ved at sætte klare mål og arbejde målrettet hen imod dem, har jeg oplevet en dybere følelse af tilfredshed og opnåelse.

Så jeg vil opfordre dig til også at lære at sætte mål og tage ansvar for din egen succes og udvikling. Det er en kraftfuld proces, der kan hjælpe dig med at nå dine drømme og skabe et mere meningsfuldt og tilfredsstillende liv.

Uanset vores alder eller livsstadium er det aldrig for sent at forfølge vores drømme og sætte nye mål. Livet er fyldt med muligheder og potentiale, og det er op til os at gribe dem. Det kan være en lærerig proces at lære at give slip på kontrol og lade processen arbejde for os. Nogle gange er det vigtigt at acceptere, at vi ikke kan kontrollere alt, og at der er en vis magi og forudsigelighed i livet. Ved at have tillid til processen kan vi åbne os for nye muligheder og oplevelser, som vi måske ikke engang havde forestillet os.

Når vi er åbne over for processen, tillader vi også os selv at lære og vokse undervejs. Selvom vi kan have en klar vision og mål, er vejen til succes sjældent en lige linje. Der vil være udfordringer, bump på vejen og muligheder for at lære af vores fejltagelser. Ved at være åbne og fleksible kan vi tilpasse os forandringer og finde alternative veje til vores mål. Det er også vigtigt at huske på, at processen ikke kun handler om resultatet, men også om selve rejsen. At tage aktive skridt og arbejde målrettet mod vores drømme og mål kan være berigende og givende i sig selv. Det er den personlige vækst og udvikling, der sker undervejs, der i høj grad definerer vores rejse.

Så lad os omfavne processen, være åbne og lade os blive overrasket over, hvad livet har i vente for os. Uanset om vi når vores oprindelige mål eller ej, kan vi være sikre på, at vi vil vokse, lære og opdage nye veje undervejs. Så lad os gå efter vores drømme og mål med entusiasme og tillid til processen.

Jeg har lært, at det jeg ikke vidste før min rejse, og det jeg ved i dag, ikke bliver undervist på skoler eller højere uddannelser.

Selvom jeg ikke brød mig om indpakningen, må jeg sige det har været mit livs rejse. Ofte er vores største læringserfaringer ikke dem, vi får gennem formel uddannelse, men snarere dem, vi opnår gennem vores egne erfaringer og personlige rejser. Det er gennem udforskning, udfordringer og selvrefleksion, at vi virkelig kan opdage vores egne styrker, svagheder og indsigter.

Selvom skoler og formel uddannelse kan give os vigtige fundamentale færdigheder og viden, er der også meget, der kan læres gennem andre kanaler som selvstudier, oplevelser, mødet med forskellige mennesker og udforskning af vores passioner og interesser. Det er også vigtigt at huske, at læring er en livslang rejse. Uanset hvor meget vi allerede har lært, er der altid mulighed for at lære mere. Verden udvikler sig konstant, og der er altid nye perspektiver, idéer og informationer at opdage og udforske.

Det er værdifuldt at være i stand til at opnå indsigt og viden, der er unik for dig og din personlige rejse. Husk altid at være nysgerrig, åben og villig til at fortsætte med at lære. Vi lærer ofte mest af vores egne erfaringer og personlige rejser. Skoler og uddannelser kan give os grundlæggende viden og færdigheder, men det er ofte vores egne rejser, der virkelig giver os dybdegående læring og indsigt.

På vores livs rejse oplever vi ofte store udfordringer og hindringer, men det er netop gennem disse oplevelser, at vi lærer mest. Vi udforsker, vi bliver udfordret, og vi får mulighed for at reflektere over vores egne styrker og svagheder. Selvom vores læring måske ikke kommer fra skoler og traditionel uddannelse, betyder det ikke, at den er mindre værdifuld. Læring kommer i mange forskellige former, gennem vores oplevelser, vores møder med forskellige mennesker samt vores passioner og interesser.

Det er vigtigt at huske, at læring er en livslang rejse. Uanset, hvor meget vi allerede har lært, er der altid plads til mere. Verden udvikler sig konstant, og der er altid nye perspektiver, idéer og informationer at opdage. Vi kan være taknemmelige for vores livs rejse og de læringserfaringer, de har givet os. Det er en rejse, hvor vi lærer om os selv, om verden og om vores plads i den. Lad os fortsætte med at være nysgerrige, åbne og villige til at fortsætte med at lære og vokse.

Min egen personlige indpakning var ikke den kønneste, det ville være synd at sige, men nu hvor jeg har pakket den op, analyseret den og arbejdet med den, har den været den største værdifulde gave.

Jeg har ændret mine tanker, processer og dermed hele min livsstil, dette har jeg gjort ved hjælp af daglige meditationer og affirmationer.

Jeg har skabt nye sunde vaner i mit liv, som gavner mig og mig proces, og nej du skal ikke sidde og ryste på hovedet nu, for det er ikke en egoistisk handling tværtimod, når du tager dig selv i betragtning, viser respekt for dig selv og udstråler den person, du er, og den person, du ønsker at blive, så har det også en virkning på andre omkring dig. Ved at tage vare på dit eget velvære og udvikling, kan du være en autentisk og positiv indflydelse på andre.

Når du passer på dig selv, tager du ansvar for dit fysiske, mentale og følelsesmæssige velbefindende. Du opbygger sunde vaner, tager tid til at pleje dine behov og sørger for at skabe balance i dit liv. Dette viser andre, at selvomsorg er vigtigt og giver dem inspiration til at gøre det samme.

Respekt både for dig selv og for andre, er også en vigtig faktor. Når du udviser respekt for dig selv, sætter sunde grænser og værdsætter dine egne værdier, viser du andre, hvordan de også kan respektere sig selv og vælge det, der er bedst for dem. Du bliver en rollemodel for at følge ens egne passioner og drømme.

At udstråle den person, du er, og den person, du ønsker at blive, handler om at leve i overensstemmelse med dine værdier og være autentisk. Når du står ved, hvem du er, og følger dine egne dybeste ønsker og formål, inspirerer du andre til at gøre det samme. Du kan være en kilde til positivitet og motivation for folk omkring dig.

I sidste ende kan din måde at passe på dig selv og udvise respekt på have en indvirkning på andre ved at skabe en atmosfære af trivsel, selvudvikling og autenticitet. Ved at være tro mod dig selv, kan du være en kraftfuld kilde til inspiration for andre.

Pas godt på dig selv og udstråler den person, du er og ønsker at blive. Du kan være med til at skabe en positiv indflydelse i dit eget liv og hos andre omkring dig.

Det er vigtigt at huske, at for at kunne give respekt og forståelse for andre, er det nødvendigt at have det selv. Hvis vi ikke har respekt for os selv og har en forståelse for vores egne behov og grænser, kan vi have svært ved at give det samme til andre.

Respekt og forståelse begynder med at være opmærksom og lyttende over for andre menneskers perspektiver, følelser og behov. Det indebærer at være åben for at lære af forskelligheder og at værdsætte mangfoldighed. Ved at være i stand til at sætte os i andres sko, kan vi udvise empati og udvikle en dybere forståelse for hinanden.

Som med alle ting gælder det, at det er lige så vigtigt at praktisere selvkærlighed og arbejde på vores egen personlige udvikling. Når vi er i balance med os selv og har en sund selvtillid, kan vi bedre håndtere konflikter og interaktioner med andre på en respektfuld og empatisk måde. Husk at respekt og forståelse er en tovejsgade. Når vi udstråler disse værdier og er ægte i vores intentioner, vil det være sandsynligt, at andre også vil respektere på samme måde. At være den slags person, man ønsker at være, er den mest effektive måde at påvirke og inspirere andre mennesker på.

Jeg fik ryddet op i både mit indre og ydre, og det vigtigste, jeg lærte, var, at jeg selv har ansvaret for mit eget liv. Jeg fandt ud af, at jeg ikke kunne bebrejde andre for mine problemer og udfordringer.

Det kan være nemt at pege fingre ad andre og give dem skylden for vores eget ulykke. Men jeg indså, at denne tilgang ikke førte mig nogen steder. Tværtimod begrænsede den mig og forhindrede mig i at tage kontrol over mit eget liv.

Jeg begyndte at tage ansvar for mine egne valg og beslutninger. Jeg indså, at jeg havde magten til at ændre min situation. Jeg begyndte at tage handling og arbejde hen imod mine mål og drømme.

Det betyder ikke, at jeg ignorerer de udfordringer og hindringer, som livet kan bringe. Jeg er selvfølgelig opmærksom på, at der er mange faktorer, der kan påvirke os. Men det er vores eget mindset og vores evne til at tage ansvar, der gør forskellen. Ved at tage ansvar kan vi reagere på en mere konstruktiv måde og finde løsninger i stedet for at bebrejde andre.

Denne erkendelse har givet mig en følelse af frihed og empowerment. Jeg føler, at jeg har kontrol over mit eget liv og kan skabe de forandringer, jeg ønsker. Jeg lærer af mine fejltagelser og stræber efter at blive den bedste udgave af mig selv. Jeg taler om det jeg ønsker og ønsker mere af og det andet lader jeg ligge hen, jeg ved at alt, der ikke får opmærksomhed, viser som en blomst, der ikke får vand og pleje.

## Lad dig ikke tynge

Et græsstrå på min vej
tynget af regn
solen står op
græsset vil atter rejse sig

lad dig ikke tynge, af livets vej
men se de muligheder
der gemmer sig
en cyklus i bevægelse, er også dig

tillad, mærk og føl
og du vil forstå
hvert bump giver mulighed, for at så
så du vil opnå
dit ønskede drømmemål

accepter hvad der var
slip din bundethed
tillad dig at være
i nuets skønhed kære

# KAPITEL 17

# Resultat

I dag sidder jeg her med det resultat, som jeg ønskede mig allermest. Gennem mit daglige og kontinuerlige arbejde med min underbevidsthed har jeg oplevet, at det har båret frugt. Jeg har set positive resultater materialisere sig, og det har givet mig en følelse af stor tilfredshed.

Det har ikke været nemt. At arbejde med sin underbevidsthed indebærer at dykke ned i vores indre, udforske vores tanker og overbevisninger og skabe forandringer på et dybere niveau. Det kræver tålmodighed, beslutsomhed og tro på processen.

Men den indsats, jeg har lagt i at arbejde med min underbevidsthed, har virkelig betalt sig. Jeg har oplevet, at mine ønsker og intentioner bliver realiseret. Det er som om, at universet samarbejder med mig for at skabe det, som jeg inderligt ønsker.

Det viser mig, at vores sind og vores underbevidsthed har en utrolig kraft. Når vi arbejder bevidst og målrettet med vores indre verden, kan vi forme og manifestere det, vi ønsker os i vores ydre virkelighed. Det er en dybt givende og bekræftende oplevelse at se vores bestræbelser omkring vores underbevidsthed afspejle sig i konkrete resultater. Det viser os, at vi er i stand til at skabe forandringer, vi ønsker og fortjener.

Jeg har virkelig forstået, at vores underbevidsthed er vores vigtigste værktøj. Den arbejder for os hver eneste dag, uanset hvad vi vælger at fortælle den.

Vores underbevidsthed er som en loyal assistent, der tager imod alle de beskeder og tanker, som vi sender til den. Den tager ikke stilling til, hvad der er godt eller dårligt for os. Den følger blot vores instruktioner.

Derfor er det afgørende, at vi vælger vores ord og tanker omhyggeligt. Hvis vi fortæller vores underbevidsthed, at vi er værdifulde, stærke og i stand til at opnå vores mål, så vil den arbejde hårdt for at hjælpe os med at opnå netop det. På samme måde, hvis vi sender budskaber om tvivl, frygt og begrænsning, vil vores underbevidsthed også reagere på det. Det er derfor vigtigt at være opmærksom på, hvad vi vælger at fodre vores underbevidsthed med.

Ved at være bevidste om vores tanker og vores indre dialog kan vi begynde at forme vores underbevidsthed på en positiv måde. Vi kan erstatte negative tanker med positive og styrkende tanker. Vi kan skabe overbevisninger, der er i overensstemmelse med vores mål og drømme. Det er en konstant proces, der kræver øvelse og opmærksomhed. Men når vi lærer at arbejde i samarbejde med vores underbevidsthed og give underbevidstheden de rigtige instruktioner, vil den blive vores mest kraftfulde allierede i at opnå succes og trivsel.

Alle negative tanker og følelser sætter spor i vores underbevidsthed. Og disse spor kan komme til udtryk gennem vores fysiske krop på forskellige måder.

Vores sind og krop er tæt forbundne, og de påvirker hinanden på mange måder. Når vi har negative tanker og følelser i vores underbevidsthed, kan det manifestere sig som fysiske symptomer eller ubalancer i vores krop.

For eksempel kan langvarig stress og bekymring resultere i spændinger, hovedpine eller fordøjelsesproblemer. Frygt og angst fører til hjertebanken, søvnbesvær eller muskelsmerter og alle livsstilssygdomme. Negative tanker påvirker vores selvtillid og selvopfattelse, hvilket igen kan påvirke vores adfærd og interaktioner med andre. Det er vigtigt at være opmærksom på disse sammenhænge og ikke undervurdere effekten af vores indre tilstand på vores fysiske velbefindende. Når vi ønsker at forbedre vores helbred og trivsel, er det afgørende at tage hånd om vores underbevidsthed og arbejde med vores tanker og følelser. Ved at fremme positive tanker, følelser og overbevisninger kan vi skabe en positiv indflydelse på vores helbred og velbefindende. Dette omfatter teknikker som meditation, affirmationer, visualisering eller terapeutisk arbejde for at frigive gamle negative mønstre og erstatte dem med nye og mere støttende.

Vores underbevidsthed er en kraftfuld ressource, der kan hjælpe os med at skabe positiv forandring i vores liv, herunder vores fysiske helbred. Ved at være bevidste om vores tanker og følelser, samt tage ansvar for vores indre verden, må vi træffe valg, der støtter vores sundhed og velbefindende.

Jeg har lært: Livets vej er vores eget ansvar, og det er det smukkeste ved livet. Når vi tager ansvar, får vi muligheden for at forme vores egen fremtid og skabe den virkelighed, vi ønsker. Jeg har opdaget, at vores handlinger, valg og tanker har en betydelig indvirkning på vores liv. Ved at erkende dette kan vi træffe bevidste og kraftige beslutninger, der fører os i den retning, vi ønsker at gå.

At tage ansvar betyder også, at vi kan lære af vores fejl og vokse som mennesker. Vi behøver ikke at være perfekte, men hvis vi er villige til at se indad og tage ejerskab over vores handlinger og resultater, kan vi skabe positive forandringer i vores liv.

Når vi tager ansvar for vores eget liv, slipper vi også for at skyde skylden på andre mennesker eller ydre omstændigheder. Det betyder ikke, at vi er alene i verden, men snarere at vi bliver aktive deltagere i vores egen skæbne.

Lad os tage ansvar for vores eget liv og værdsætte den frihed og magt, som det bringer med sig. Lad os være modige nok til at tage initiativ og gøre vores bedste for at skabe den livsstil, vi ønsker. Uanset, hvad der sker omkring os, kan vi vælge vores reaktion og handle i overensstemmelse hermed.

Livet er en fantastisk rejse. Hver dag, hver oplevelse og hver interaktion udgør kapitlerne i vores personlige historie. På denne rejse oplever vi både op og nedture, glæde og smerte, sejre og udfordringer. Men netop i disse øjeblikke af modstand og læring, finder vi vores største muligheder for vækst og udvikling som mennesker.

Livet er også fyldt med muligheder og valg. Vi kan vælge, hvordan vi reagerer på situationer, hvordan vi behandler andre mennesker, og hvilke mål og drømme vi ønsker at forfølge. Vi har magten til at forme vores egen vej og skabe den livsstil, der bringer os glæde og tilfredshed. På denne rejse møder vi også både mod og medrejsende. Det er vigtigt at værdsætte og lære af de mennesker, vi møder på vores vej, da de ofte kan tilføre vores værdifulde indsigter, støtte og inspiration.

Ligesom enhver rejse kan livet også være uforudsigeligt og udfordrende. Men netop i disse øjeblikke finder vi vores styrke og udholdenhed. Vi lærer at tilpasse os og finder vejen rundt om forhindringerne, og vi opdager vores egen indre styrke og ressourcer.

Hvis vi bliver fanget i en kontinuerlig gentagelse af rutiner og vaner, kan vi gå glip af de værdifulde lektioner og muligheder, som livet har at tilbyde.

Når vi bevæger os som en hamster i et hjul, er vores fokus snævert og begrænset til det, der allerede er kendt og velkendt. Vi bliver ikke opmærksomme på nye ideer, perspektiver eller muligheder, der kan åbne dørene til vækst og udvikling. For at opdage livsværdier og følge den rigtige vej er det vigtigt at være åben over for nytænkning og ændringer. At turde bryde ud af vores komfortzone og udforske ukendte territorier kan være skræmmende, men det kan også være yderst givende.

Når vi er villige til at tænke anderledes og være modige nok til at tage risici, åbner vi op for muligheden for at opdage nye interesser, møde nye mennesker og opleve nye og berigende oplevelser. Disse øjeblikke kan bidrage til vores personlige vækst og give os en dybere forståelse af livets værdi. At tage et skridt tilbage fra rutinen og hamsterhjulet, og betragte vores liv med nye øjne. Med det vil vi åbne for nye perspektiver, og være villige til at eksperimentere og lære af vores fejltagelser. På denne måde kan vi opdage skjulte værdier, der vil berige vores liv og give os en klarere forståelse af vores vej.

Nogle gange kan de mest vanskelige og udfordrende øjeblikke i livet, også kendt som de mørke grotter, gemme på de mest værdifulde gaver, som vi kan modtage.

Disse mørke øjeblikke kan repræsentere perioder af smerte, tab, frygt eller sorg. Men i vores modgang og sårbarhed ligger der også potentiale for vækst, fornyelse og opdagelse af vores sande styrke.

Når vi står over for vanskeligheder og udfordringer, bliver vi tvunget til at kigge dybt ind i os selv og finde de ressourcer, der kan hjælpe os med at overvinde. Det er i disse øjeblikke, at vi kan opdage vores indre vilje, modstandskraft og evnen til at finde løsninger, som vi måske ikke var klar over, at vi havde.

På samme måde som en smuk gave, der er skjult dybt inde i en mørk grotte, kan vores mest dyrebare kvaliteter og ressourcer findes inden i os selv, når vi står over for modgang og udfordringer. Det kan være vores mod, vores medfølelse, vores kreativitet eller vores evne til at tilpasse os.

Disse mørke øjeblikke kan også forvandle os og hjælpe os med at udvikle dybere indsigter og værdier. De kan forstærke vores taknemmelighed for livets lysere øjeblikke og hjælpe os med at værdsætte de mindste glæder i vores dagligdag.

Så lad os omfavne de mørke grotter i vores liv som en mulighed for vækst, selvom det kan være svært. Lad os huske, at selv når vejen er udfordrende, så er der mulighed for at finde skønhed og værdi gemt inden i os.

Jeg ønsker dig mod og styrke til at udforske og omfavne dine mørke grotter, og må de smukke gaver, der ligger gemt indenfor, åbenbare sig for dig.

Min pakke var ikke køn, den var pakket sjusket ind med meget gaffatape omkring og et grimt bånd.

I dag ved jeg, at min pakke havde det største budskab i mit liv.

*Kære læser*

*Jeg vil gerne dele en tanke med dig, som jeg har lært gennem mine egne erfaringer: Nogle gange gemmer de største budskaber sig i pakker, der ved første øjekast kan virke grimme. I vores liv kan udfordringer og modgang komme indhyllet i svære omstændigheder, men det betyder ikke, at de ikke kan have en dybere mening eller værdi.*

*I min egen rejse blev jeg overrasket, da jeg en dag modtog en pakke, der ikke så speciel ud på overfladen. Den var indhyllet i en kedelig indpakning, og jeg forventede ikke meget af den. Men da jeg åbnede pakken og undersøgte dens indhold, indså jeg, at den bar på det største budskab i mit liv.*

*Denne oplevelse har lært mig, at vi skal være åbne og nysgerrige, selv når tingene ikke ser ud som vi forventer. Vi ved aldrig, hvad der gemmer sig under overfladen eller hvilke skatte der venter på os, hvis vi tør udforske dem.*

*Jeg ved nu, at den grimme indpakning var en vigtig del af budskabet. Den mindede mig om, at vi ikke altid kan bedømme tingene ud fra deres ydre fremtoning. Det er ofte i vores mest udfordrende og tilsyneladende modbydelige øjeblikke, at vi opdager vores sande styrke, visdom og vækst.*

*Mit ønske for dig er, at du må bære dette budskab i dit hjerte, når du står over for uventede eller svære situationer. Husk altid, at der kan være en dybere mening eller læring i enhver oplevelse, selvom den ikke ser ud som forventet. Vær åben for at opdage skønheden og værdien i de mørke grotter.*

*Til tider er det i vores største udfordringer, at de smukkeste gaver gemmer sig. Må du altid have modet til at udforske dem og opleve det værdifulde.*

*Livets vej er uden tvivl fyldt med udfordringer. Nogle af disse udfordringer er tydelige og lette at identificere, mens andre kan være mere subtile og kræver vores opmærksomhed for at blive erkendt.*

*Udfordringerne, vi møder i livet, er ofte unikke for os som individer. Hver person har sin egen rejse, hvor de står over for forskellige typer udfordringer i forskellige intensiteter og på forskellige tidspunkter. Hvad der kan være en betydningsfuld udfordring for én person, som kan være mindre væsentlig for en anden.*

*Det er disse udfordringer, der bidrager til vores personlige vækst og udvikling, det tvinger os til at dykke dybere ned i os selv, udfordre vores grænser, udvikle nye færdigheder, lære fra vores fejl og finde innovative løsninger på problemer. I nogle tilfælde kan udfordringerne være åbenlyse og synlige for os med det samme. Disse er ofte nemmere at håndtere, da vi er i stand til at forstå og adressere dem direkte. Men der er også udfordringer, der kan være mere skjulte eller indirekte, og som kræver mere opmærksomhed og refleksion for at blive bemærket.*

*Det er vigtigt at huske, at udfordringer ikke nødvendigvis er hindringer, der skal overvindes. De kan også være muligheder for vækst og udvikling, og chancer for at opdage vores sande potentiale og styrke. Uanset hvor udfordrende eller tilsyneladende enkle de er, har de alle potentialet til at lære os noget vigtigt om os selv og verden omkring os. Så husk, at udfordringer er en naturlig del af livets rejse. Vær åben og klar til at møde dem med mod, tålmodighed og læringssyn. Ved at omfavne disse udfordringer kan vi vokse som mennesker og finde vores vej til et mere meningsfyldt og berigende liv.*

Det har været en øjenåbnende oplevelse for mig at opdage, hvor mange utrolige og inspirerende mennesker der findes på min vej, som jeg aldrig ville have mødt, hvis jeg var blevet fanget i mit eget hamsterhjul.

I mange år var jeg selv fanget i den samme rutine, dag efter dag, uden at se og interagere med mennesker uden for min egen lille boble. Jeg var simpelthen for optaget af mine egne gøremål og bekymringer for at opdage de smukke sjæle, der gik rundt omkring mig.

Men den dag besluttede jeg mig for at bryde ud af denne fastlåste tilstand og begynde at være mere opmærksom på mine omgivelser. Det var som om, at verden åbnede sig for mig! Jeg begyndte at møde mennesker, som på overfladen synes helt forskellige fra mig, men som viste sig at have dyb indsigt, visdom og en uendelig kilde af inspiration at dele.

Disse mennesker har åbnet mine øjne for nye perspektiver, udfordret mine antagelser og udvidet min horisont. De har delt deres egne unikke historier, erfaringer og livsvisdom, som jeg aldrig ville have fået, hvis jeg var blevet fanget i et hamsterhjul. De har vist mig, at verden er fyldt med så mange forskellige mennesker med så meget at tilbyde. Det viste mig, at vores vej ikke kun drejer sig om det, vi kan opnå materielt eller professionelt, men i lige så høj grad om de forbindelser, vi kan skabe med andre mennesker. Disse relationer har en særlig kraft til at berige vores liv, give os perspektiv og åbne vores hjerter.

Så hvis du også føler dig fanget i et hamsterhjul, vil jeg opfordre dig til at tage et skridt tilbage, være åben og opmærksom på de mennesker, der krydser din sti. Der er så mange smukke sjæle derude, der venter på at blive opdaget og som kan berige dit liv på så mange måder.

Jeg vil gerne dele med dig hvor utrolig taknemmelig jeg er for den støtte og kærlighed, jeg har modtaget fra min elskede mand og mine elskede piger. De har været mine største tilhængere og har givet mig plads til at udvikle mig i den retning, jeg har ønsket. Det er helt unikt at have mennesker i sit liv, der virkelig giver én mulighed for at udfolde sig og forfølge ens drømme. Deres ubetingede opbakning har givet mig troen på, at jeg kan opnå alt, hvad jeg sætter mig for. De har skabt et miljø, hvor jeg føler mig tryg, fri og støttet mine beslutninger og valg.

Deres tro på mig har fået mig til at føle mig værdifuld og betydningsfuld. Jeg er blevet inspireret af deres egne ambitioner og deres evne til at tro på min egen styrke og viljestyrke. De har ikke kun givet mig plads til at udvikle mig, men har også været der for mig på de svære tidspunkter og har hjulpet mig med at komme op igen.

Jeg er taknemmelig for, at de har skabt et miljø, hvor jeg kan tage chancer, fejle og lære af mine fejltagelser uden frygt for at blive dømt eller kritiseret. Deres støtte har givet mig tilliden til at udforske nye interesser, udfordre mine egne grænser og tage store spring ud i det ukendte.

De smukke mennesker i mit liv, min elskede mand og mine elskede piger, har været mine største gaver. Deres kærlighed og opmuntring har givet mig muligheden for at blomstre som person og realisere mine dybeste ønsker.

Så til dig, kære læser, vil jeg gerne opfordre dig til at omgive dig med mennesker, der giver dig plads til at vokse og udvikle dig. Dine relationer kan have en enorm indvirkning på din personlige udvikling, og det er vigtigt at værdsætte og pleje dem.

Find dem, der tror på dig og støtter dig, uanset hvad. Sammen kan I skabe et miljø, hvor alle kan udfolde det fulde potentiale og skabe et meningsfuldt og berigende liv.

En af de mest vidunderlige aspekter af min rejse har været at lære, hvordan jeg kan tage ansvar for mig selv og mit eget liv. Det har betydet, at jeg har opnået det liv, som jeg engang blot drømte om, da jeg stod over for de største udfordringer.

At tage ansvar for mig selv og mit liv har været en transformationel rejse. Det har betydet at erkende, at jeg har magten til at forme min egen skæbne og skabe de resultater, jeg ønsker. Jeg har lært at se mulighederne og tage initiativ, i stedet for at lade mig begrænse af omstændighederne.

På denne rejse har jeg måttet stå over for mine egne frygt og begrænsninger, og tage fat om roden af dem. Det har været hårdt arbejde, men ved at tage ansvar for mine handlinger og beslutninger, har jeg opdaget en dyb indre styrke, som jeg ikke kendte til før.

Ved at tage ansvar har jeg også lært at være mere bevidst om mine valg og prioriteringer. Jeg har lært at følge mine drømme, lytte til mine hjertesønsker og handle i overensstemmelse hermed. Dette har resulteret i, at jeg lever et liv, der er mere i overensstemmelse med mine dybeste ønsker og værdier.

Når jeg ser tilbage nu, kan jeg se den utrolige forandring, der er sket. Fra de sværeste tider, hvor livet synes næsten umuligt. Her har jeg formået at skabe et liv, som jeg elsker og er stolt af. Det er en dyb fornemmelse af opfyldelse og tilfredshed, som jeg aldrig troede var mulig.

Jeg ønsker at dele dette med dig, kære læser, fordi jeg tror på, at du også har potentialet til at skabe det liv, netop som du drømmer om. Ved at tage ansvar for dig selv og dit eget liv, kan du bane vejen for at opnå dine dybeste ønsker og mål.

Tro på dig selv og din egen styrke. Tag ansvar for dine handlinger og beslutninger. Vær villig til at gøre det hårde arbejde og stå over for dine frygt og begrænsninger. Ved at gøre det kan du nå nye højder og opleve den samme følelse af dyb opfyldelse og tilfredshed.

En anden stor erkendelse i min rejse har været at lære, at ikke alle ønsker at forstå eller acceptere min måde at tænke og leve på. Og det er helt okay.

Det betyder blot, at ikke alle vil være på samme bølgelængde som os, og det er vigtigt at respektere det. Det kan være frustrerende og givende på samme tid at erkende, at ikke alle vil forstå vores tanker, beslutninger og valg. Vi kan føle os alene eller misforstået til tider. Men det er vigtigt at huske, at vores egen lykke og autenticitet ikke afhænger af andres fulde forståelse eller godkendelse.

Vi skal være tro mod os selv og vores egne værdier, selvom det betyder, at vi adskiller os fra dem omkring os. Vi skal også huske at være åbne for andres perspektiver og acceptere, at vi ikke altid vil være enige.

Det er gennem denne accept og åbenhed, at vi kan skabe et rum for respektfuld dialog og forståelse, selvom vi har forskellige synspunkter og levevis. Vi kan lære af hinanden og berige vores eget liv ved at omfavne mangfoldigheden og forskelligheden i vores omgivelser. Så lad os huske, at det er okay, hvis ikke alle ønsker at forstå vores måde at tænke og leve på. Det er vigtigere at være tro mod os selv og at omfavne mangfoldigheden i verden omkring os.

En vigtig lektie, jeg har lært på min rejse, er at alt sker i sin egen tid. Det kan være svært at have tålmodighed, især når det føles som om, at vi ønsker noget her og nu. Men ved at have tillid og tro på processen kan vi opnå større indsigter og resultater.

Livet bevæger sig i en naturlig rytme, og hver oplevelse, udfordring og sejr har sin egen betydning og timing. Nogle gange er der ting, som vi skal lære eller opleve, før vi er klar til at tage det næste skridt. Og det er vigtigt at lytte til vores indre stemme og stole på, at vi er på rette vej, selvom det kan være udfordrende.

At have tillid og tro på processen betyder ikke at være passiv eller vente på, at tingene sker af sig selv. Det handler om at være åben for muligheder og handle i overensstemmelse med vores mål og drømme. Det handler om at folde vores potentiale ud og tage de nødvendige skridt for at nå vores ønskede resultater.

Det kan også være en lettelse at vide, at vi ikke behøver at bære byrden alene. Vi kan søge støtte og vejledning fra andre, når vi har brug for det. At have tillid og tro på processen involverer også at forstå, at vi ikke altid har kontrol over alt, og at det er okay at bede om hjælp eller at være sårbar.

*Kære læser*

*En anden vigtig erkendelse, jeg har fået på min rejse, er, at ikke alle mennesker har det samme overskud og evne til at håndtere livets svære situationer og tage ansvar. Dette kan være frustrerende og svært at forstå, især når vi selv føler, at vi gør vores bedste for at håndtere vores egne udfordringer.*

*Det er vigtigt at anerkende, at mennesker er forskellige, og vi oplever og reagerer på ting på forskellige måder baseret på vores individuelle baggrund, erfaringer, mentale sundhed og andre faktorer. Nogle gange kan der være dybe følelsesmæssige eller mentale udfordringer, der vanskeliggør evnen til at tage ansvar for sig selv og deres omgivelser.*

Det er vigtigt for os at øve empati og forståelse over for andre, selvom de måske ikke har det samme overskud eller evne til at tage ansvar som vi selv har. Dette betyder ikke, at vi skal tolerere uretfærdigt eller skadelig adfærd, men det betyder, at vi kan prøve at være mere rummelige og hjælpsomme i vores tilgang.

Det er også vigtigt for os at erkende, at vi ikke kan redde eller ændre andre mennesker. Vi kan tilbyde hjælp og støtte, men det er op til den enkelte at tage imod det og træffe beslutninger for sit eget liv. Vi kan være der som lyttere og vejledere, men vi kan ikke tvinge nogen til at tage ansvar for deres eget liv.

Ved at acceptere, at andre måske ikke altid har det samme overskud eller evne til at tage ansvar, kan vi også lære at sætte grænser for vores egen mentale og følelsesmæssige velvære. Det er vigtigt at tage vare på os selv og sikre, at vi ikke overbelastes eller bliver besat af andres manglende ansvar. Så lad os huske at udvise empati og forståelse over for andre, selv når de ikke har det samme overskud eller evne til at tage ansvar. Lad os være støttende og hjælpsomme, men også huske på vores egne grænser og behov for selvpleje.

Hvis mennesker ikke ønsker hjælp, er det okay. Det kan være svært at acceptere, især når vi ser nogle kæmpe eller være i en svær situation og gerne vil træde til og hjælpe. Men det er vigtigt at respektere andres valg og ret til selvbestemmelse. Vi kan tilbyde vores hjælp og støtte, men det er op til den enkelte at beslutte, om de vil acceptere det eller ej. Nogle gange kan folk have forskellige grunde til at afvise hjælp, og det er vigtigt at respektere deres ønsker og grænser.

Det betyder ikke, at vi skal opgive at være der for mennesker, der har brug for hjælp. Vi kan stadig være til rådighed, lytte og være en støtte, hvis de senere ændrer mening eller beder om hjælp. Men det er vigtigt at respektere deres ret til at træffe deres egne valg, selvom vi mener, at vores hjælp kunne være til gavn for dem. Det kan være frustrerende eller belastende at se nogen nægter hjælp, især hvis vi er tæt på dem. Det er vigtigt at anerkende, at vi ikke kan tvinge nogen til at modtage hjælp, og at vores egen mentale og følelsesmæssige sundhed også er vigtig.

Så lad os huske at hvis mennesker ikke ønsker hjælp, er det okay. Vi kan tilbyde vores støtte, men det er op til dem at bestemme, hvordan de ønsker at håndtere deres situation. Lad os respektere deres valg og samtidig tage os af vores eget velvære.

Jeg ønsker af hele mit hjerte at yde mit bedste hver dag for dem, der ønsker at modtage min hjælp. Det er vigtigt for mig at være der for dig og støtte dig på den måde, du har brug for det. Jeg tror på, at vores handlinger og støtte kan gøre en reel forskel i dit liv.

Jeg vil lytte til dig, og jeg vil være empatisk og støttende. Jeg vil respektere dine ønsker og grænser, og jeg vil aldrig presse min hjælp på dig, hvis du ikke er klar til eller har brug for det. Det vigtigste for mig er at tilbyde den slags hjælp, som du har brug for, om det er at være en lyttende ven eller give mere praktisk vejledning og rådgivning.

Jeg beder dig også om tålmodighed. Jeg forstår, at det kan være svært at bede om hjælp eller åbne op omkring dine udfordringer. Tag den tid, du har brug for, for at føle dig tryg og åben op for mig. Jeg er her for dig, og jeg vil være der, når du er klar.

Men husk også at passe på dig selv. Jeg ved, hvor vigtigt det er at have balance og tage vare på vores egen mentale og følelsesmæssige velvære. Lad os finde ud af, hvor grænserne går, og huske at tage tid til selvpleje og genopladning. Det er vigtigt for mig at være en stærk og stabil støtte for dig.

# KAPITEL 18

# Den smukkeste gave i mit liv

Den pakke, jeg modtog, var indpakket på en måde, der ikke var særlig attraktiv. Papiret var krøllet og hjørnerne flossede, og båndet omkring pakken var gammelt og slidt. Selvom det ikke er en klage, fandt jeg det lidt ærgerligt at modtage noget, der ikke var præsentabelt. Jeg vil måske kontakte afsenderen for at lade dem vide om min oplevelse og se, om der er en løsning på dette. Jeg ønsker blot at give feedback, så de kan forbedre indpakningen i fremtiden. Der var flere huller i indpakningen, og der var også nogle grimme papiroverlap, der var gemt og skjulte. Jeg blev skuffet over at se disse defekter, da det ikke giver det bedste første indtryk.

Som ordsproget siger »i den mørkeste grotte findes de største udfordringer«. I de dybeste og mørkeste grotter findes de største udfordringer. Det er i disse svære og tilsyneladende umulige situationer, at vores sande styrke og mod bliver afsløret. Når vi konfronteres med disse udfordringer, er det vigtigt ikke at lade frygt eller tvivl styre vores handlinger. I stedet skal vi møde dem med en ånd af beslutsomhed og vedholdenhed. For selvom det kan være skræmmende og vanskeligt, er det netop i disse øjeblikke, at vi har muligheden for at vokse og udvikle os. »Når vi konfronterer de mørkeste grotter og overvinder de største udfordringer, finder vi vores sande potentiale og styrke.«

Inden i indpakningen gemte der sig den mest fantastiske gave, en gave så værdifuld, at jeg aldrig havde forestillet mig det. Den var fyldt med en overflod af oplevelser og muligheder for personlig udvikling. Det var som om, at indpakningen symboliserede, at nogle af de mest dyrebare ting i livet kan være skjult bag attraktive ydre eller uventede steder. Det fik mig til at indse, at det er vigtigt at være åben og nysgerrig, fordi man aldrig ved, hvilke fantastiske gaver og muligheder der kan ligge skjult for os. Denne indsigt gav mig en dyb taknemmelighed og forventning om at udforske og omfavne alt, hvad livet har at tilbyde.

At lære livet at kende og forstå at leve er den største gave af alle. Det er en gave, der varer hele livet og bringer os en dybere forståelse og værdsættelse af vores egen eksistens. Gennem erfaringer, oplevelser og observationer lærer vi at navigere gennem livets op og nedture, finde glæde og mening i de små ting og erkende vigtigheden af at være til stede i nuet. Denne gave bringer også med sig erkendelsen af, at livet er en rejse, hvor vi fortsætter med at lære og vokse. Det giver os modet til at tage chancer, lære af vores fejl og finde vores egen unikke vej i verden. »At lære at leve er en gave, der beriger vores eksistens og giver os mulighed for at skabe vores eget meningsfulde og fulde liv.«

Jeg har fået en ny forståelse af at leve, nyde og være til stede i øjeblikket for at skabe det, jeg ønsker. Det er en vidunderlig oplevelse at se verden med nye øjne og opdage min evne til at skabe det, jeg ønsker. Jeg er blevet mere bevidst om mine egne ønsker og behov og tager nu aktivt ejerskab over mit liv. Jeg sætter mål, tager chancer og arbejder målrettet mod dem. I processen lærer jeg også at nyde rejsen og værdsætte de små sejre, der bringer mig nærmere mine ønsker. Denne nye forståelse har givet mig friheden til at forme mit eget liv og finde glæde og tilfredshed i det. Jeg er ivrig efter at fortsætte med at udforske og dyrke denne nye forståelse af at leve. Det åbner døre og giver mulighed for at skabe det liv, jeg virkelig ønsker.

Jeg har indset, at nogle gange er det nødvendigt at se ud over den grimme indpakning og finde læring og forståelse i situationen. Selvom det kan være svært, har jeg lært, at disse udfordringer ofte kan være en vigtig del af vores personlige vækst. De lærer os om vores egne evner og styrker, og de giver os mulighed for at blive klogere på os selv og vores evne til at overkomme modstand. Så selvom jeg oprindeligt så den grimme indpakning som en hindring, har jeg nu en ny forståelse af, at den faktisk var nødvendig for min læring og udvikling. Det har givet mig en dybere indsigt og modet til at se ud over det ydre, og finde dybere mening i mine oplevelser. Jeg er taknemmelig for den erfaring, den har givet mig, og jeg er klar til at fortsætte med at lære og vokse fra de uventede billeder, jeg møder.

I dag ser jeg det som den smukkeste gave i mit liv. Hjørnerne er ikke længere flossede, og båndet er ikke længere gammelt og grimt. Jeg har formået at ændre min opfattelse af situationen og se dens sande værdi. Det er en fantastisk udvikling, der viser, hvordan vores perspektiver kan ændres over tid og bringe os til en dybere forståelse og værdsættelse af vores oplevelser. Ved at se forbi de flossede hjørner og det gamle, grimme bånd, har jeg opdaget skønheden og værdien i den gave, der var indeni. Det har været en inspirerende rejse, der har vist min styrke og evne til at finde positivitet og skønhed, selv i de mest uventede øjeblikke.

Jeg vil fortsætte med at omfavne dette nye perspektiv og nyde gaverne, der findes i hver eneste situation.

I dag står jeg stærkt i min egen tro på mig selv og livet. Jeg har erkendt, at jeg er skaber af mit eget liv. Jeg accepterer og værdsætter mig selv præcis som jeg er lige nu. Jeg omfavner min autenticitet og er tro mod mig selv, og det har givet mig en følelse af styrke og glæde.

At være i harmoni med mig selv og acceptere mig selv fuldt ud åbner dørene for utallige muligheder og skaber en meningsfuld oplevelse af livet. Jeg er klar over, at jeg kan udforske og nyde livets mange muligheder og skabe den fremtid, jeg drømmer om. I denne tilstand af accept og tro på mig selv er jeg i stand til at udleve mit fulde potentiale.

Jeg er bevidst om, at rejsen mod at realisere mine drømme vil være fyldt med udfordringer og muligvis også modstand, men jeg er parat til at møde dem med styrke og standhaftighed. Jeg er klar over, at jeg er lige der, hvor jeg skal være, og jeg har tillid til, at alt vil falde på plads på rette tidspunkt. At opdage min gave og følge den har transformeret mit liv på en måde, som jeg aldrig havde drømt om. Det har været en rejse fyldt med udfordringer og modstand, men jeg er taknemmelig for hver eneste oplevelse, da de har formet mig til den person, jeg er i dag.

Min gave har ikke kun forvandlet mit arbejdsliv, men også min måde at leve på. Den har givet mig en dybere forbindelse til min egen autenticitet og formål. Jeg er ikke længere begrænset af frygt eller andres forventninger. Jeg er blevet fri til at udfolde mig selv og leve i overensstemmelse med mine egne værdier og passioner.

At følge min gave har givet mig en meningsfuld og berigende levevej. Jeg vågner op hver dag fyldt med begejstring og motivation for at fortsætte med at udvikle mig og dele min gave med verden. Jeg er taknemmelig for den positive indflydelse, jeg har på andre menneskers liv, og det privilegium, det er at kunne gøre en forskel. Jeg ved, at vejen ikke altid vil være let, men jeg er fast besluttet på at overvinde enhver hindring, der måtte komme min vej. Min gave er min stærkeste drivkraft, og den vil fortsætte med at lede mig mod nye muligheder og oplevelser. Jeg er dybt taknemmelig for at have opdaget min gave og for den positive transformation, den har bragt ind i mit liv. Jeg er parat til at fortsætte med at udforske og udvikle min gave, og jeg er taknemmelig for alt hvad den har bragt.

At opdage og følge vores gave er en påmindelse om, at livet er en evig rejse med læring og udvikling. Det er let at falde i en rutine og stagnere, hvor vi går gennem bevægelserne uden at leve fuldt ud. Når vi følger vores gave, bliver vi mere opmærksomme på vores egne værdier og formål. Vi skiller os ud fra mængden af søvngængere og begynder at leve et mere bevidst og meningsfuldt liv. Vi stræber efter at lære, vokse og udfordre os selv, og dette holder os i bevægelse.

Livet er fyldt med muligheder og potentialer, der venter på at blive udforsket og udnyttet. Når vi tager vores gave og tager ansvar for at dyrke den, åbner vi op for en verden af nye oplevelser, succeser og personlig vækst. Vi bliver ikke blot følgere af strømmen, vi bliver formidlere af vores unikke bidrag til verden.

Det er vigtigt at huske, at udviklingen og væksten i livet ikke sker på en dag eller i et sekund. Det er en proces, der kræver tålmodighed, vedholdenhed og tro på os selv. Nogle gange støder vi på udfordringer og modgang, men det er en del af den evige udvikling, som gør os stærkere og mere modstandsdygtige.

At vælge at leve et liv i overensstemmelse med vores gave er ikke altid den lette vej, men det er en vej, der fører til dybere tilfredsstillelse og autenticitet. Det er vigtigt at huske, at vi hver især har noget unikt at tilbyde verden, og at vi har magten til at skabe det liv, vi ønsker.

## Livets gave

Så grim du var, lille og krøllet
Med flossede kanter du var
Du var meget sølle
båndet så utydeligt, ikke klar

du havde et budskab min ven
Jeg aldrig mere vil slå hen
kun du viste mig vej
om jeg ønskede det eller ej

jeg forstod dig ikke helt
du var så sølle og krøllet
ikke værd at pakke op
i dag jeg forstår dit budskab til top

båndet jeg ikke ville se
så utydeligt og slidt
stille i båndet jeg trak, og lod det ske
at forstå dit budskab, og se

livets bånd, et silkebånd, et flosset bånd
jeg tillod mig at tage det med min hånd
i tro og håb om livet at forstå
krøllet eller ej, så smukt du stod

dine åbne arme og kærlighed
tillid til livets vej, jeg lod
den smukkeste gave af ærlighed
i ubundethed, tillid og tro

den smukke gave, jeg vil nære
solen vil mig ære
blomster så smukke og kære
i tillid og tro at bære

bære på livets gave min
det smukkeste bånd og silkepapir i
så smuk med livets værdi
tillader, at livets indpakninger sker

# KAPITEL 19

# Frihed, hvad så nu?

Det var helt klart et meget stort spørgsmål, og nok et jeg skulle have stillet mig selv for flere år tilbage.

Hvad vil jeg med mit liv?
Hvilke værdier er vigtige for mig?
Hvordan ønsker jeg at leve og hvorfor?
At tænke over disse meget enkle spørgsmål
    giver livet et helt andet perspektiv.
Tænk, kan jeg vælge hvordan jeg ønsker at leve?
Har jeg indflydelse på mit liv?

Frihed til at leve betyder så meget for mig – det er min personlige rejse mod at tage styring over mit liv, træffe mine egne valg og være ansvarlig for mine handlinger. Igennem årene har jeg lært, at frihed handler om at vælge og fravælge, om at være til stede i nuet og om at nyde de utallige muligheder, som livet har at tilbyde.

For mig handler frihed om at følge mine egne ønsker, mål og værdier og handle i overensstemmelse med dem. Det betyder at være bevidst om, hvad der virkelig betyder noget for mig, og at vælge at fokusere på disse ting i mit liv. Ved at gøre dette oplever jeg en dybere forbindelse til mig selv og en følelse af mening og formål.

At være i nuet og virkelig nyde mulighederne er en afgørende del
af min frihed til at leve. Jeg har lært at slippe bekymringer om
fortiden og frygt for fremtiden og i stedet synke ned i øjeblikket.
Ved at tillade mig selv at være fuldt til stede i nuet kan jeg virkelig
værdsætte de små øjeblikke, der bringer glæde og taknemmelig-
hed.

Frihed til at leve er også at kunne sige nej. At sætte sunde grænser
og vælge bort de ting, der ikke understøtter min trivsel og lykke,
er afgørende for min personlige frihed. Det handler om at respek-
tere mig selv og mine behov og prioritere mit eget velvære. Det
betyder ikke, at jeg er egoistisk, men snarere at jeg ved, hvad der
tjener mig bedst. Jeg har opdaget, at frihed til at leve også handler
om at tage risikoen og bevæge mig uden for min komfortzone. At
følge min passion og stræbe efter mine drømme, selvom det kan
være skræmmende eller usikkert, har åbnet døre og muligheder
for mig, jeg aldrig havde forestillet mig. At tro på mine evner og
tillade mig selv at vokse og udvikle mig har givet mig en følelse
af ægte personlig frihed og tilfredsstillelse.

Min personlige rejse mod frihed til at leve er unik, og måske lig-
ner den ikke andres, men det er min historie, min søgen efter en
mere autentisk og tilfredsstillende måde at leve på. Det kræver
tid, refleksion og mod at finde frem til, hvad der virkelig betyder
noget for mig, men jeg føler mig privilegeret over at kunne tage
denne rejse mod frihed og nyde de utallige muligheder, som livet
bringer.

Jeg har oplevet en transformation i min rejse mod frihed til at leve, hvor jeg har sagt farvel til min blomsterverden, som engang var min store passion inden for arbejde. Jeg har opdaget, at der findes noget endnu større og mere meningsfuldt ved at arbejde med bevidsthed og hjælpe og støtte andre på deres individuelle rejse. Det var en svær beslutning at forlade min passion for blomster bag mig, men jeg indså, at der var en dybere mening i at dedikere mig til at hjælpe andre. Gennem arbejdet med bevidsthed har jeg fundet en ny form for tilfredsstillelse og opnået en følelse af formål, som jeg aldrig havde oplevet tidligere.

At arbejde med bevidsthed handler om at hjælpe mennesker med at opnå større selvindsigt, opdage deres sande potentiale og finde balance og lykke i deres liv. Jeg er blevet inspireret af at se, hvordan mine vejledninger og støtte kan påvirke positivt og hjælpe andre med at tage styring over deres eget liv.

Det er en berigende oplevelse at være en del af andres rejser. Gennem samtaler, rådgivning og forskellige teknikker kan jeg være med til at udvide deres bevidsthed og hjælpe dem med at vokse og udvikle sig. Det er utroligt givende at være i stand til at bidrage til andres velbefindende og se dem trives.

Denne nye retning i mit arbejdsliv har givet mig en dyb følelse af tilfredshed og personlig frihed. Ved at følge min indre kald og helliggøre mig til at hjælpe andre, har jeg fundet en endnu større mening og formål i livet. Det er en konstant læring og vækstproces, både for mig selv og for dem, jeg hjælper. Jeg er utroligt taknemmelig for at have fundet denne nye vej og for at være i stand til at hjælpe andre med deres egen rejse mod frihed til at leve.

For mig har frihed til at leve, handlet om at opdage mit sande formål og værdien af at følge min egen rute, selvom den adskiller sig fra den mainstream vej, som mange andre går. Jeg har indset, at livet ikke handler om at følge alle andre, men om at finde sin egen vej i verden. Det kan være fristende at lade os påvirke af andres forventninger og normer, men sand frihed og ægte opfyldelse kommer fra at lytte til vores egen stemme og følge vores egne hjertes ønsker.

Jeg har fundet ud af, at det er okay at være anderledes, at have forskellige interesser og værdier end andre. Det er gennem at acceptere mig selv og lade mig lede af mine egne dybe ønsker, at jeg har fundet min autentiske vej i livet. På denne rejse har jeg opdaget, at det er vigtigt at elske og acceptere mig selv for den jeg er, og at ikke alle vil forstå eller støtte mine valg, og det er også okay.

At finde sin egen vej i livet kan være en udfordrende proces, der kræver tid, mod og tillid til sig selv. Men når vi er villige til at bevæge os udenfor vores komfortzone og følge vores hjerte, opdager vi ofte, at den vej vi vælger, er den, der bringer os mest glæde, tilfredshed og personlig vækst. Min rejse mod frihed til at leve har givet mig en dybere forbindelse til mig selv og en dybere forståelse af, hvad det betyder at være autentisk og leve meningsfuldt. Jeg har opdaget at finde sin egen vej kan være en kilde til stor glæde og tilfredsstillelse. Det betyder ikke, at jeg ikke værdsætter og respekterer det, som andre mennesker finder vigtigt, men det betyder, at jeg har tilladt mig selv at finde min egen identitet og udtrykke mig selv på min egen unikke måde.

Jeg kommer aldrig mere til at gå på kompromis med min følelse og min intuition, jeg vil aldrig mere skubbe mig selv i baggrunden og stå som tilskuer, jeg vil lytte til mit ægte jeg før noget andet, for jeg ved at det jeg føler altid er rigtigt. og jeg ved hvad det betyder og hvad der sker hvis jeg arbejder i mod. Jeg kan kigge tilbage med et teleskoprør til mit tidligere jeg, det har været en fantastisk rejse og jeg ved at den aldrig kommer til at holde op.

I dag handler mit liv om at yde den bedste service hver dag for dem, der ønsker at modtage den. Jeg har fundet en stor glæde og tilfredsstillelse i at kunne hjælpe andre og skabe en positiv indflydelse i deres liv. Jeg stræber efter at være en kilde til støtte og inspiration, og det er min målsætning at levere en service, der overgår forventningerne hos dem, jeg hjælper.

Derudover har jeg også erkendt vigtigheden af at være den bedste udgave af mig selv. Det indebærer at arbejde på mine styrker og svagheder, og konstant stræbe efter personlig udvikling. Ved at gøre det kan jeg vokse og nå mit fulde potentiale, og dermed bidrage mere effektivt til andres liv.

Som mor og hustru er jeg stolt, glad og taknemlig for at have mine kære ved min side. Jeg lægger stor vægt på at skabe harmoni, kærlighed og lykke i vores hjem. Det handler om at være nærværende, støttende og lyttende over for mine familiemedlemmer, og tilbyde en bred vifte af glædelige oplevelser og minder for os alle sammen. At være en støtte for min familie og dele lykken med dem, bringer mig stor glæde og taknemlighed.

Jeg har tilegnet mig nogle nye vaner i mit liv, der er med til at skabe hver dag til den bedste dag.

Jeg ved, at jeg selv er skaberen i mit liv, og jeg har fået forståelse for at være god nok som den jeg er.

Den opmærksomhed, kærlighed sygdommen gav mig, har jeg fundet i mig selv, jeg ved at jeg selv er skaberen af egen ro og harmoni, lykke og glæde.

Dette gør mig til en stærk og dyb taknemmelig person, der har stået med det ene ben, som jeg ikke ønsker for nogen at de skal stå.

Derfor er det for mig at dele al min viden utrolig vigtig. Ingen jeg kommer i nærheden af må føle, at jeg kunne have givet bedre råd, ord og instrukser med på vej, alle ønsker jeg at forlade med en følelse af forøgelse.

Alle har ret til at kende deres egen power og muligheder ved brug af denne. Min store passion er at hjælpe hvert individ på rette spor igen, uanset deres nuværende situation.

# KAPITEL 20

# Tak fordi du læste med

Jeg vil gerne takke dig dybt for at tage dig tid til at læse min bog. Din tid og opmærksomhed betyder meget for mig, og jeg er taknemlig for din interesse. Jeg ønsker kun det bedste for dig på din livsvej. Må du finde lykke, opfyldelse og succes i alt, hvad du foretager dig. Du har al den styrke og visdom, du har brug for at skabe det liv, du drømmer om.

Min hensigt med denne bog er at inspirere dig til at tage fuldt ansvar for dit eget liv. Det er mit håb, at mine historier og erfaringer kan fremkalde en gnist i dig, der vil hjælpe dig med at tage de nødvendige skridt til at skabe det liv, du ønsker.

Husk, du er ikke alene på denne rejse. Der er mange ressourcer og mennesker omkring dig, der kan støtte dig på din vej. Vær åben for nye muligheder, modig i dine handlinger, og lad dig ikke bremse af frygt eller tvivl.

Du er skaberen af dit eget liv, og det er op til dig at tage styringen og forme det efter dine ønsker og drømme. Du er mere kapabel og stærkere end du måske tror, og jeg håber, at du finder den tillid og tro på dig selv, som er nøglen til at skabe mirakler i dit liv.

Endnu en gang, tak fordi du har taget dig tid til at læse min bog. Jeg håber, at du har fundet den inspirerende og støttende.

Må du gå videre med mod, glæde og beslutsomhed og skabe det liv, du ønsker og fortjener.

Jeg ønsker dig virkelig alt godt på din rejse. Tag springet og følg dine passioner og drømme. Du er unik og værdifuld, og verden har brug for det, du har at byde på. Tro på dig selv og dine evner, og se, hvor langt det kan føre dig.

Må du fortsætte med at udforske og udvikle dig selv i din personlige rejse. Lad os sammen skabe en verden, hvor vi alle tror på vores eget potentiale og støtter hinanden i at opnå vores drømme. Du er mere end nok, og jeg er sikker på, at du vil opnå fantastiske ting. Jeg tror på dig. Husk:

**DET ER IKKE DEN DU TROR DU ER,
DET ER DEN DU TROR AT DU IKKE ER**

*Hemmelighedens nøgler*

© Christina Bauer 2024
2. udgave

Forsidegrafik ved Christina Bauer
Grafisk design og sats ved Niels Jacobsen

Forlag:  BoD · Books on Demand, Strandvejen 100, 2900 Hellerup, bod@bod.dk
Tryk: Libri Plureos GmbH, Friedensallee 273, 22763 Hamborg, Tyskland
Printed in Germany
ISBN: 978-87-4305-970-7



Mail: chrbauer73@gmail.com
Facebook: Udsigten til et bedre og sundere liv